明治生まれの日本語

飛田良文

目次

はじめに——百年前の日本語事情　六

第Ⅰ章　文明開化が生んだ日本語

東京　一八
電報　二八
年賀状　四〇
駅　五〇
時間　六二
世紀　七二

第Ⅱ章　新しい家族をつくった日本語

彼女　八四
印象　九六
恋愛　一〇八
新婚旅行　一一八
家庭　一二八
衛生　一三九
冒険　一四八

第Ⅲ章　庶民の造語、知識人の造語

ちゃう　一六〇
ぽち　一六九

より…… 一八三
個人 一九三
権利 二〇四
常識 二一四
科学 二二六
哲学 二三七
あとがき 二四七
引用辞書・参考文献 二四九

はじめに——百年前の日本語事情

最近は、毎年「流行語大賞」が選ばれているように、新語がどんどん造られている。辞書の定位置におさまるものもあれば、数年後には死語になっているものもある。そうした新語も、百年近く日常生活の中で使われ続けると、その語がどのようにして造られたかなど、あらためて考えることはない。

たとえば、「カレーライス」は、大正十四年の細井和喜蔵の『女工哀史』の例が早く、「カレーライス、カツレツ、肉フライなど簡単乍ら洋食を供することにした」とある。

いまやもっともポピュラーな家庭料理となった「カレーライス」は、じつは大正の終わりに生まれた新語なのである。

本書では、いま使われている日本語の中でも、とくに明治時代に造られた新語を「明治生まれの日本語」と名づけ、それが造られた事情や背景などを考えてみたいと思う。

ところで、なぜ明治時代なのかというと、明治時代は江戸時代と比べて、次の点で、本質的に異なる社会が誕生したからである。

1――首都が京都から東京へ移った。

2――江戸時代の身分制がくずれ、四民平等の社会となった。

3――中国文化中心から西洋文化中心へと移行した。

4――教育が普及し、文字が全国民のものとなった。

社会制度の変化、移入した西洋文化の考え方は、日本人の生活と考え方を変え、日本語に大きな影響を及ぼすことになった。

東京が首都になると、多くの人が日本各地から移住してきた。明治初年に東京で生活した人々は、江戸生まれ江戸育ちで江戸語を使用した人々と、薩長土肥（現、鹿児島・山口・高知・熊本）を中心とした各地の移住者が混在していた。その実態を、明治十年末における朱引内《しゅびき》（江戸の地図に、府内と府外の境界線を引いた朱線の内側、すなわち江戸府中）の本籍所有者と移住者（寄留者《きりゅう》）の戸数でみると、華族は本籍三百十六、寄留十四、士族は本籍一万五千二百九十六、寄留二万十三であった。

寄留士族が江戸に本籍をもつ士族より多いことに注目しておきたい。士族は漢字・漢語を使用できる識字層であり、おもに薩長土肥を中心とした寄留士族によって明治政府は組閣された。新しい日本語の誕生は、明治政府を担った、彼ら識字層に負うところが大きかったのである。

また身分制度の崩壊は、身分を反映する待遇表現の体系をくずすことになった。江戸語の姿を残す仮名垣魯文《かながきろぶん》の『牛店雑談《うしやぞうだん》 安愚楽鍋《あぐらなべ》』(明治四〜五年)には、次のような指定表現がある。

でござる……鄙武士《いなか》
じゃ……士・鄙武士・生文人《なまぶんじん》・藪医者
でございます……町人
でごぜえす・でげす……落語家・野幇間《ほうかん》・西洋好きの男
ざます……娼妓《しょうぎ》・新造
です……芸者・茶屋女・それしゃあがり

職種によって細かく使い分けられている。人称代名詞も同様である。これらは時とともに現代東京語の姿に統合されていくが、明治二十年代においても、尾崎紅葉の「二《に》人《にん》女房」（明治二十四年）で、老婦人が嫁になる娘の家柄が士族であるかどうかを気にしているように、身分意識は容易に消え去らなかったようである。

こうした社会の変化によって、明治時代の人々の生活は変わり、その反映として新しい日本語は誕生した。しかし、確実に、これは明治の新語だと断言することは、かなりの勇気を必要とするのが現状である。単語の歴史的研究は、室町・江戸・明治という時代についてはまだまだ未開拓であって、その可能性が高いというほかないのである。これから紹介する「明治生まれの日本語」は、このような現状において述べるもので、読者の方々のご教示によってより完全なものにしていきたいと思っている。

新語はだれが造ったか

ひとくちに「新語」といっても、決して一様のものではない。大別して明治時代に特色のあるものには次の三種がある。

1——新造語　日本語にその概念がなく、日本人が新しく造語する。（彼女・哲

学・新婚旅行）

2――借用語　中国で活躍した欧米人宣教師が漢訳した洋書や辞典から借用する。（電報・恋愛・冒険・個人）

3――転用語　日本に存在する類義語に西洋の新しい概念・意味を付加して転用する。（東京・駅・印象・家庭・権利・衛生・常識）

そのほか、新造語には、日常語が音変化を起こして生じた語もある（ちゃう）。

明治時代は、日本が国家組織から日常の生活様式まで、積極的に西洋化を推進した時代であった。したがって、明治初期は漢学書生と洋学書生に代表される知識人と、一般庶民とでは言語生活に大きな相違があり、新語の造られ方（造語法）にも違いがあった。

先の『安愚楽鍋』に登場する人物の漢語の使用率を、身分別に次の表に示した。

武士の漢語の使用率が二六パーセント以上であるのに対し、町人・商人・職人は一八パーセント以下。この明らかな差は、江戸時代の教育制度の反映である。武士は藩校へ、百姓や町人は寺子屋に通った。この両者は教育方針・教材に相違があり、これが漢語の使用率に差を生む原因になっている。

単位（%）	漢語	和語	外来語	混種語	固有名詞
鄙武士	38.2	52.8	0	9.0	0
士	26.0	67.2	0.3	5.2	0
町人	18.0	62.2	0.4	16.7	2.5
商法個《あきうど》	16.7	70.1	0.5	5.3	7.4
職人	14.1	73.2	0	6.0	6.7

前島密《ひそか》の建白書「漢字御《ご》廃止《はいし》之《の》議《ぎ》」（慶応二年）に、その事情が次のように述べられている。

御国普通一般の教育は上下二等に分れ、其下等なるものは只僅に姓名の記し方消息の書き方及其職業に就て要用なる字面を諳するのみにして卒り、（略）其上等なるものに於ては、先つ四書五経の素読より支那の歴史に相渉り、文物制度より治乱興敗の蹟を講し候にて、御国の古典歴史の如き課外の業に附し去りて、之を知るも知らさるも教育上には関係無きは一般に御座候

要するに、寺子屋では往来物《おうらいもの》（商売往来・番匠往来など）を教科書として日常生活に必要な最低限の漢字・漢語しか教えなかったのに対し、藩校では四書五経（大学・中庸・論語・孟子・易経・詩経・書経・礼記・春秋）を教科書に漢文の読み書きを目的としていた。したがって、新語を造るにしても漢字を媒介とする造語は、識字層である士族に限られていたのである。

一方、庶民の間ではどのような言語生活が行われていたのであろうか。明治十年初演の河竹黙阿弥《もくあみ》『冨士額男女繁山《ふじびたいつくばのしげやま》　女書生繁《おんなしょせいしげる》』では、植木屋が「聞かれてまことに面目ないが、倅《せがれ》は牛島学校へ六つの年から上げたお蔭で、どんなむづかしいお触《ふれ》でもさつさと読めるけれど、おれは少しも読めねえから、倅が居ねえ其時は、只判を押して廻すばかりだ」と話すように、小学校の息子はお触を読めても、父親は読めなかったのである。また漢語についても同様で、その意味を理解できなかった。二葉亭四迷の『浮雲』（明治十九年）の中でも、女書生のお勢《せい》が女中のお鍋のことを、「私の言葉には漢語が雑《ま》ざるから全然《まるつきり》何を言ッたのだか解《わか》りませんて…真個《ほんと》に教育のないといふ者

は仕様のないもんですネー」といっている。

このような庶民の言語生活から生まれる新語は、話題になった人物名、擬声語・擬態語、流行歌のはやしことば、外国語など、耳から入る知識や話しことばにその源流があった。たとえば「八百長」は、明治の初め、相撲会所に出入りしていた八百屋の長兵衛の通称であったが、彼が相撲年寄の伊勢海《いせのうみ》五太夫《ごだゆう》と碁の勝負をするたびに、お得意様のご機嫌をとるためにわざと勝ちをゆずったことが仲間に知られ、故意に負けることを「八百長」というようになったのである。八百長は、明治四十二年刊の『新訳　和英辞典』に登録されている。

Yaochō〔八百長〕A cross, a double-cross（競技者双方の合意に出る場合）
→八百長角力　a double-cross wrestling match

外国語の誤解から生じたものに「カメ」がある。『万国航海　西洋道中膝栗毛』初編下（仮名垣魯文　明治三年）に、「海岸通りじヤアおれが面《つら》を見りやア異人館の洋犬《かめ》までが尻毛をさげる渡海屋の坤平《こんぺい》がひけへてゐるから鉄張《てつぱり》の大艦《おゝふね》に乗た気で落付てゐさツせへ」とみえる。社会風俗史の研究家宮武外骨《みやたけがいこつ》は、明治初期の新言語として「かめ、洋犬のこと、新聞雑誌にも『洋犬《かめ》』と書いた、西洋人が飼犬を連れて散歩の際、カム〳〵（来れ〳〵）と云ったのを、洋犬の名と誤解したのが起り」（『明治奇聞』第二篇　大正十四年）と記している。これが庶民の、非識字層の造語の現実であったのである。

このような教養の差がなくなるのは明治の末である。明治五年「学制」が施行され、翌年、国民がみな同じ小学校に入学できるようになった。その就学率は明治六年には二八・一三パーセント、明治二十年には四五パーセント、明治三十年には六六・六五パーセントであった。それが、検定教科書から国定教科書に変わる明治三十七年には九四・四三パーセントに達する。明治三十六年八月に発行され、三十七年四月から全国の小学校で使用された第一期国定教科書『尋常小学読本』、俗称イエスシ読本の影響がどんなに大きなものであったか、想像にかたくない。

こうした背景を考えると、漢字・漢語の使用の点で、造語法上の平等が実現するのは明治三十七年からといえよう。以上のような、百年ほど前の日本語事情をふまえ、具体的な「明治生まれの日本語」を取り上げ、その造られ方や背景などをさぐっていきたいと思う。

挿絵を添えて、「イ」と「エ」、「ス」と「シ」などの発音矯正を工夫したことから「イエスシ読本」と呼ばれた。

一、引用文献の表記について

・旧漢字は新字にあらため、仮名は原文のままとした。
・総ルビ・総傍点の文章は、読みやすさを考え、現行において必要なものだけを付した。
・ルビ・傍線（朱引き）の位置（右側・左側）はすべて引用文献の通りとした。
・引用文の句読点は、適宜付加、省略したものがある。
・行頭の一字下げは段落最初からの引用を示す。
・割り書きは《　》の中に並字で記した。但し、書名は《　》を付けずに記した。
・辞書の引用については、表記を統一した。
・英和・仏和辞典など、日本語が横書きになっているものも、縦書き表記とした。
・詩、歌詞などの／は改行を表す。

二、出典書の表記について

・新聞・雑誌・単行本のタイトルは『　』、連載小説・論文等は「　」で表した。
・単行本等については「筆者・書名・刊行年・版元」の順に記し、〇〇著、〇〇刊の文字は略した。
・雑誌等の号数は「一一〇号」（第をトル）の表記に統一し、発行年月日もしくは号数で特定できるようにした。
・幕末明治の辞書類は発行年を中心として記載し、編著者・版元などの詳細は巻末の引用辞書・参考文献に掲載した。

第Ⅰ章　文明開化が生んだ日本語

東京

転用語

江戸が東京となったのは、慶応四年七月のことである。現在の官報にあたる『太政官日誌』四六号には、改称の詔書《しょうしょ》の写しがある。

朕《チン》今万機《ハンキ》ヲ親裁《シンサイ》シ、億兆ヲ綏撫《スイブ》ス、江戸ハ東国第一ノ大鎮、四方輻輳《フクソウ》ノ地、宜シク親臨《シンリン》、以テ其政ヲ視ルベシ、因テ自今江戸ヲ称シテ東京トセン、是朕ノ海内一家、東西同視《ドウシ》スル所以ナリ、衆庶《シウショ》此意ヲ体セヨ。辰七月

この詔書によって江戸は東京と呼ばれることとなった。東京には鎮将府《ちんしょうふ》がおかれ、東国事務を総裁する鎮将が在勤し、立法の権を議定《ぎじょう》と参与《さんよ》が担当した。東国の範囲は「駿河、甲斐、伊豆、相模、武蔵、安房、上総、下総、常陸、上野、下野、陸奥、出羽」の十三国であった。「江戸ハ東国第一ノ大鎮」ということは、まだ東京は首都に

なっていないことに注意しなければならない。また『東京府日誌』一には「八月十七日　幸橋御門内元柳沢邸ヲ以テ東京府トス」とあり、東京府の役所がもとの柳沢邸におかれ、府内の事務には知府事《ちふじ》が任命されたのである。

九月八日に年号が「明治」と改まり、十月十三日には、天皇が「御東臨之節ハ当城ヲ以テ皇居ト被定候ニ付、以来東京城ト可称事」（『東京城日誌』一）という御沙汰書が出された。皇居となる江戸城も東京城と改称されることになった。

明治二年三月七日、いよいよ天皇は京都を出立、三月二十八日東京に到着した。その御東幸《とうこう》中の二月、太政官が京都から東京へ移転になり、東京城に議事所を設け、公卿諸侯在官二等以上は毎次会議を開くことになった。

今般御東幸之上、東京城ニ於テ議事所ヲ設ケ、公卿諸侯在官二等以上、毎次会議ヲ興シ候様、被仰出候ニ付、右議事所規則等、早々取調可致旨御沙汰候事。

（『太政官日誌』二月二十五日）

ここに東京は名実ともに日本の首都になったのである。

以降、日本は鉄道、電線の敷設など近代化への道を進んでいくが、明治三年には

「東京在留外国人遊歩期程」というものが布告されている。「別紙図面之通、新利根川（又江戸川トモ云）口ヨリ北ノ方金町迄、夫ヨリ西ノ方水戸街道千住宿大橋迄、夫ヨリ隅田川ヲ登リ、古谷上郷迄夫ヨリ小室村、高倉村、小矢田村、荻原村、宮寺村、三木村、田中村諸村ヨリ、朱引ノ通日野ノ渡場迄、夫ヨリ玉川口迄ヲ以テ限リトシ」と外国人の行動範囲を限定して、「右区内ハ外国人共遊歩御差許之議ニ付、勝手ニ徘徊イタス」であろうなどと述べている点が興味深い。そして当時の日本人、それも在の農民に対して、「在々之人民、未ダ外国人之情態ヲモ熟知セザル故、接対方ニ於テ、不都合ノ筋ハ勿論、不作法等有之候テハ、不相済儀ニ付、末々迄相互ニ心附」と、外国人に不作法がないようにと注意している（『太政官日誌』閏十月十二日）。今日の国際化した東京の現状を考えると、隔世の感がある。

明治五年には、東京と京都との間に電信が開通する。『新聞雑誌』六一号に、「九月七日ヨリ東京西京ノ間、電機報信《テレカラフ》発行相成タリ」とあり、telegraph をテレカラフと読んで「電機報信」を訳語にあてているのがみえる。これが「電信」へと略されたのであろう。また東京と京都を、「東京」「西京」と記している。この表記は、明治六年三月の『内国郵便税摘録』（『郵便報知新聞』附録四五号）にもみえる。「東西京、大阪、横浜、神戸等日ニ新回ノ配達有之土地ト雖モ、其時刻ニアラザレバ、コレヲ配達セズ」、また「東京ハ朱引ノ内外ニ拘ハラズ　十銭／西京、大阪ハ洛府ノ内外ニ拘ハラズ　八銭」というように使っている。東西京は東京西京の略語であって、東京は旧江戸をさし、西京は明らかに京都をさしている。改称の詔書に、「東西同視《ドウシ》スル所以ナリ」と記されていた東西は、この東と西の都という意味であると理解される。

明治六年の『新聞雑誌』八一号に、東京の風俗が紹介されている。

○府下四民ヲ合シテ七分半髪、三分斬髪ナリ。

○キャップ流行、就中高貴ノ人ハラツコ製、商人ハ茶、煤竹《スヽ》、青竹、羅紗製ヲ用ユ（略）。

○狐、兎、毛付皮襟巻《エリマキ》行ハル。

○金銀ノ指輪ヲ掛ル者多シ。

○婦人ノ衣色ハ葡萄鼠、藤色、標梅《オチウメ》色、ヲ喜コビ用ユ。

○新聞紙屋流行ス。

○道路普請行届キ往来ノ便利ヲ得タリ。

○市街便所ノ設猶《ナホ》不足ナリ。

これはその一端であるが、東京府下の人口の七割が半髪《はんぱつ》（チョンマゲ）、三割が斬《ざん》髪《ぱつ》姿である。しかし、帽子・襟巻・指輪への女性の憧れは、明治初年も今日も変わらないことに、驚かざるをえない。

明治七年には風柳閑人による数え歌「東京繁栄の鞠唄」が『郵便報知新聞』十二月八日号に掲載された。

一ツトセ　光りかゞやく瓦斯燈の其明り　東京一面照しますく
二ツトセ　普請は西洋れん化石畳み上げ　二階造りや三がいやく
三ツトセ　三すぢに渡せる日本橋賑ふて　蝙蝠傘もゆきかよひく
四ツトセ　夜る昼絶えぬは人力車通り町　道も平の御世なれやく　（五、六略）
七ツトセ　長崎箱館掛けわたす電しん機　遠の噺も居ながらにく
八ツトセ　矢を射る如くに岡蒸気速かに　横浜がよひも一寸の間く
九ツセ　刻限遣はぬ郵便のはるぐと　海山へだてゝ便りよやく
十トセ　当時は英仏丁マルカ独逸でも　丸く附合ふ御世豊たかく

ここには、瓦斯燈《がすとう》、西洋煉瓦、蝙蝠傘、人力車、電信機、岡蒸気《おかじようき》（汽車）、郵便と、

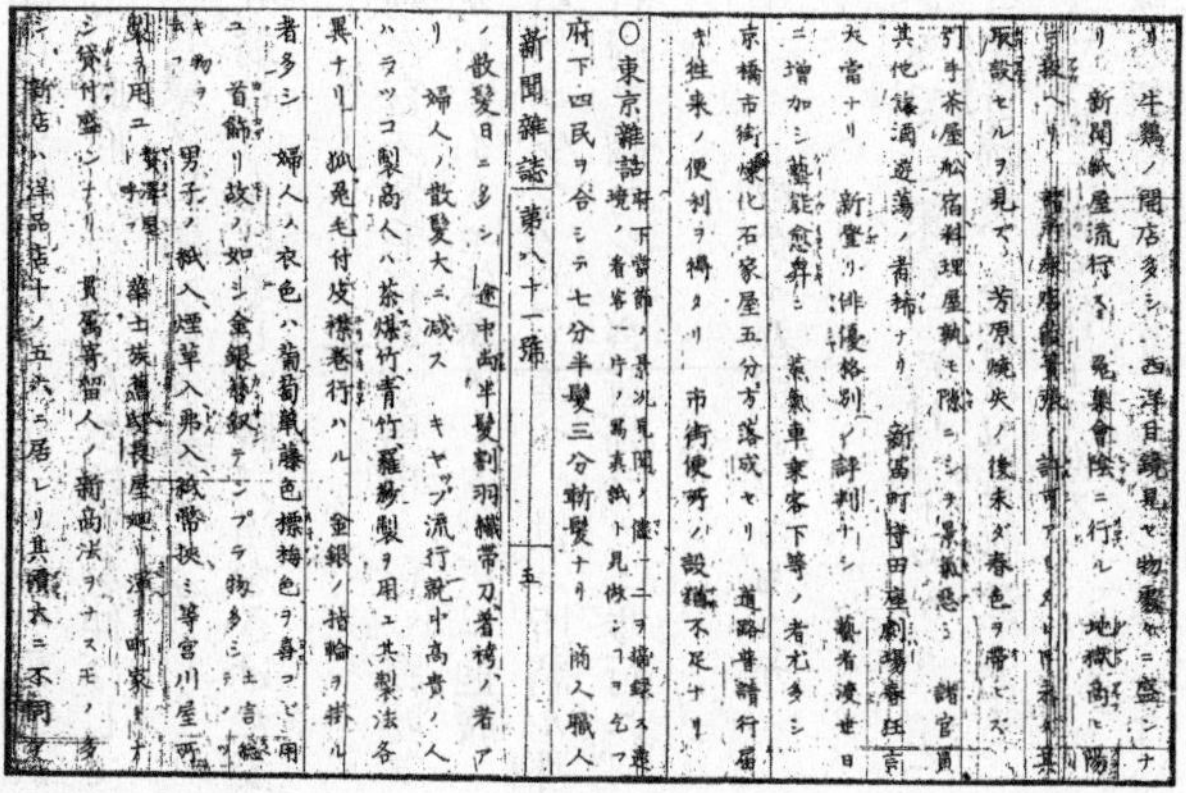

リ　牛鶏ノ開店多シ　西洋目鏡見セ物[illegible]ニ盛ンナ
リ　新聞紙屋流行ス　鳥集會除ニ行ル　地獄商ヒ[illegible]陽
設ヘ[illegible]許可アリ[illegible]其
取設セルヲ見ズ　芳原焼失ノ後未ダ春色ヲ帯ビズ
引手茶屋松宿料理屋執モ隙ニシテ景気悪シ　諸官員
其他放蕩遊蕩ノ者稀ナリ　新富町守田座劇場春狂言
大當ナリ　新登リ俳優格別ノ評判ナシ　藝者渡世日
ニ増加シ藝能愈拙ニ　蒸気車乗客下等ノ者尤多シ
京橋市街煉化石家屋五分方落成セリ　道路普請行届
キ往来ノ便利ヲ得タリ　市街便所ノ設猶不足ナリ
○東京雑誌　府下當節ノ景況見聞ノ儘ニ一二ヲ摘録ス連境ノ看客一片ノ寫真紙ト見做シテヲ乞フ
府下四民ヲ合シテ七分半髪三分斬髪ナリ　商人職人

新聞雑誌　第八十一號　五

ノ散髪日ニ多シ　途中散半髪割羽織帯刀着袴ノ者ア
リ　婦人ノ散髪大ニ減ス　キャップ流行殊ニ高貴ノ人
ハラッコ製商人ハ茶爆竹青竹羅紗製ヲ用ユ其製法各
異ナリ　狐兎毛付皮襟巻行ハル　金銀ノ指輪ヲ掛ル
者多シ　婦人ハ衣色ハ葡萄鼠藤色摽梅色ヲ尊ブ　[illegible]
ユ首飾リ故ノ如シ金銀簪釵テンプラ物多シ[illegible]
キ物ヲ　男子ノ紙入煙草入弗入紙帯挟ミ等宮川屋所
製ヲ用ユ[illegible]華士族[illegible]屋[illegible]町家[illegible]
シ貸付盛ンナリ　貴属寄留人ノ新商法ヲナスモノ多
シ　新店ハ洋品店十ノ五六ニ居レリ其積木ニ不同ア

文明開化期の東京の風俗を報じた新聞記事（明治６年『新聞雑誌』81号）。

文明開化を象徴するものが一つ一つ歌われている。

一方、政府のお役人たちは髭を伸ばして威張っていた。『新聞雑誌』八月四日号は、「近来官員ノ口髯ヲ延ス事大ニ流行セリ」と記し、下等官員が高官のまねをして那波列翁《ナポレオン》ひげをはやし、腰弁当をさげた姿を活写している。

勅奏官ノ紫毛森然、馬車ニ駕シ路塵ヲ蹴立テ、喝々疾駆セルハ高位貴官ノ威儀仰ガレテイトモ殊勝ナレド、更ニ抱腹ニ堪ヘザルハ、下等官員ノ叨《みだ》リニ之ニ摸擬シ、鼻下ニ少シノ毛ヲ蓄ヘ、世ニ所謂ル那波列翁《ナポレオン》ヒゲト云ルモノノ如クシ長袴ヲ着ケ、行厨《ベントウ》ヲ腰ニシ、沓音高ラカニ歩行ス。宛モ参議卿輔ノ有様ノ如シ。（略）

トウケイか、トウキョウか

ところで、「東京」には「トウケイ」と「トウキョウ」の二通りの読み方があった。前者は漢音《かんおん》読み、後者は呉音《ごおん》読みである。また「京」を「亰」と書いたものもあるが、「亰」は「京」の異体字である。

改称の詔書にはふりがながついていないので、読み方はどちらとも決められない。

そこで、明治以前に目を向けてみると、日本の首都「東京」は存在しなかったが、中国には「東京」という語が存在していた。それは「東の方にある都」の意味で、後漢の都「洛陽」、北宋の都「開封《かいほう》」などをさし、西京「長安」に対する呼称であった。日本でも「東の方にある都」の意味では、菅原道真の『菅家文草《かんけぶんそう》』に、九州の太宰府から東の都京都をさして「東京」と呼んだ例がある。

江戸初期刊行の『日葡辞書《にっぽ》』には、「Toqio, Figaxino Miyaco. Miaco da parte do Oriente.」とあり、「トウキョウ」は「東の都（Figaxino miyaco）」と記されている。江戸中期の儒学者太宰春台《だざいしゅんだい》の『倭読要領《わどく》』巻上には、「漢ノ都ハ、前漢ハ長安、後漢ハ洛陽ナリ、長安ヲ西京《セイケイ》西都ト称シ、洛陽ヲ東京東都ト称ス」と記されている。西京に「セイケイ」とふりがながあることから、東京も「トウケイ」と読んだものであろう。江戸時代は、漢学者は漢音読み、国学者と僧侶は呉音読みにするという習慣があったので、改称の詔書の「東京」も漢学者はトウケイ、国学者や僧侶はトウキョウと読んだものと考えられる。

事実、明治時代には両方の読みが用いられている。

［トウケイ（漢音読み）の例］

明治三庚午歳《かうごのとし》九月　重陽早旦《ちやうやうさうたん》　東京浅草諏訪街《とうけいあさくさすはちやう》の氷狐堂《へうこだう》に碇泊の間《いとま》
（仮名垣魯文『万国航海　西洋道中膝栗毛』初編序　明治三年）
東京中《とうけいぢう》の宝を集めて
（仮名垣魯文『牛店雑談　安愚楽鍋』明治四～五年）
東京《とうけい》に在勤《ざいきん》のその折《をり》に
（久保田彦作『鳥追阿松海上新話』明治十一年）
まだ東京《とうけい》を江戸《えど》と申《まを》しました頃
（三遊亭円朝『怪談　牡丹燈籠』明治十七年）
文三《ぶんざう》だけは東京《とうけい》に居る叔父《をぢ》の許《もと》へ引取られる事になり
（二葉亭四迷『浮雲』明治二十年）

［トウキョウ（呉音読み）の例］
此東京《とうきやう》で玉川上水を産湯につかひ、
（「吉様参由縁音信」序幕　明治二年）
東京《とうきやう》の景況《あんべい》を見《み》ちやア
（総生寛『西洋道中膝栗毛』十四編上　明治七～九年）
また東京《とうきやう》へ帰り浅草本郷と捜しましたが（三遊亭円朝『英国孝子之伝』明治十八年）
大江戸《おほえど》の、都《みやこ》もいつか東京《とうきやう》と（坪内逍遥『一読三歎　当世書生気質』明治十八年）

このような読み方の揺れがトウキョウに統一されたのは、明治三十七年から全国の小学校で使用した国定教科書『尋常小学読本』（イエスシ読本）の力によるものであろう。巻四には「東京」という課があり、「トーキョー」のふりがながある。

ダイ五　東京《トーキョー》。（一）
東京《トーキョー》ニハ、マタ、銀座通《ギンザドホリ》　ト　イフ、ニギヤカナ　トホリ　ガ　アリマス。
（略）
ダイ六　東京。（二）
東京《トーキョー》ニハ、マタ、上野《ウヘノ》　ト　イフ　トコロ　ガ　アリマス。（略）
東京《トーキョー》ニハ、マタ、浅草《アサクサ》　ト　イフ　トコロ　ガ　アリマス。（略）

巻六には「東京市《トーキョーシ》」の例もある。明治末年の東京では銀座通り、上野、浅草が繁華街だったのである。

電報

借用語

日本で電報、すなわち電信機による通信がはじまるのは明治二年のことで、「ハリガネダヨリ」「電信」「電報」などと呼ばれた。

電気によって文字・符号を遠隔地に送る装置「電信機」を発明したのは、アメリカ人サミュエル・モールスで、一八三七年のことであった。これを日本に紹介したのはアメリカのペリー提督である。ペリーは安政二年二回目の開国交渉にあたって、幕府が応接所を設けた横浜村駒形の地に技師を上陸させ、応接所と洲干《しゅうかん》弁天境内の吉衛門家との間に銅線を架設して、エンボッシング・モールス電信機を据えつけて、通信の実況をみせた。そして、この電信機を幕府に寄贈した。その徳川将軍への献上品目録には「雷電伝信機一副連銅線」と記されている。また、川本幸民《こうみん》の『遠西奇器述《えんせいききじゅつ》』（嘉永七年）にも「伝信機《テレガラーフ》」の一条がある。

明治政府は明治元年十二月、民部《みんぶ》省雇いの英国人ブラントンに依頼して電信技師ジョージ・マイルス・ギルベルトを雇い入れ、現地での機器の買入れを委託した。明治二年八月九日、ギルベルトと機器が到着し、横浜灯明台役所と横浜裁判所との間に架設した電信線によって官用通信が試験的に行われた。これが日本国内の電信事業（電報）の最初である。十二月には東京伝信局と横浜伝信局との間で公衆電報の取り扱いが開始され、両局は伝信機の布告を出した。

東京より横浜迄之間に掛渡せる伝信機は、当二年十二月二十五日より相始、朝第八字より夕八字迄之間毎日、東京は鉄砲洲運上所門右側之伝信局にて取扱、横浜は裁判所東角之伝信局にて取扱候間、急速用向申通度ものは、其事柄を可成丈管易《（ママ）》に仮名にて認め、右局へ持参致し候得ば、一字に付価銀一分づゝの割合を以て速に相達候事、但東京横浜とも伝信局より離れたる場所へ猶又早飛脚を以相達する賃銀並委細之儀は別に印行せし布告あればこゝに略す。

（「東京府布令書」一三号／石井研堂『増訂　明治事物起原』大正十五年　春陽堂）

ここに明治二年十二月二十五日（新暦では明治三年一月二十六日）より、朝八時から夕八時まで取り扱うことが布告され、仮名で電文を書くよう指示されている。翌明治三年の『横浜新報もしほ草』(慶応四年から明治三年まで横浜の外国人居留地内で発行されていた新聞)には、「横浜東京の間にテレガラフをかけてより、甚ダ都合よく相成たり。纔カ一時斗りにて東京中にはなしの往返をなすにいたるべし。其価もなみ〳〵の使賃より半分程なり」と、電信線を架けることによって、わずかな時間で返事がもらえ、その費用も安いと紹介している。

明治四年八月には電信寮が設置され、それまで伝信機役所、伝信局と書かれた「伝信」から「電信」へと変わった。十一月からは東京・長崎間の架線工事に着手し、五年九月には東西京間の通信ができるようになった。この間には、電信に対する妄想から電信線を切る騒ぎがあいついだ。

これより先、長州芸州地方の小民等通信の神早なるを聞きて切支丹の邪法と為し、訛言百出して人心安からず。適々官の戸籍法を改正し、家々の番号数を軒毎に貼らしめしに及び、これ将に番号順に家々の処女を強奪し、其生血を取て之を架線に塗らんとするなりと言ひ、往々夜に乗じて、機械を打ちこわし線路を絶つ。

(『増訂 明治事物起原』)

「切支丹の邪法」とか「処女を強奪し、其生血を取て之を架線に塗らんとする」など、今日では信じられない話である。政府は五年四月四日、沿道の府県に電信線保護を命じるほどであった。これは長州・芸州だけのことではなく、駿河・遠江においても同様で、明治五年六月の『新聞雑誌』五三号は、「近頃尾州ヨリ帰リシ人ノ話シニ、尾州ヨリ東京迄ノ模様ヲ通視セルニ、駿遠ノ間ハ伝信線ニ礫《ツブテ》ヲ擲《ナゲ》ウチ、十ニ六七ハ破損セリ。又杭ニハ種々ノ落ガキアリテ、其疎漏ナル見ル可ラズ」と、そのようすを伝えている。

その一方で、電報を利用して記事になった人がいる。ハワイ国領事ウェンリートである。明治五年十月七日の『京都新報』に、「ハワイ国領事ウエンリート、京都見物ノタメ過日入京、陸路通リ東京出足セシガ庄野駅ニテ病気差起リ、外国医者ニ診察タノミタキ趣、テリカラフニテ同人ヨリ京都府ヘ申出タリ」とあり、「テリカラフ」を庄野駅から京都へ送ったというのである。記事には彼の礼状も紹介されている。「ヤクニン　タイソヲ　ミンジ□マモリマス　イシニ　ブカ□□ズイブン　タスケマス　マコトニ　アリガタウ　ゾンジマス　ゴシンジツ　庄野駅　ウエンリート」。病気になった外国人が外国人医師をさがしたのは、当時のことであれば理解できよう。

明治六年八月十三日「大日本政府電信取扱規則」が布告され、制度・利用に関する要領が決まり、翌七年九月二十二日には「太政官布告」九八号で、十二月一日より施行の「日本帝国電信条例」が制定された。この電信条例で「電報」という用語が公式に使用された。

第二条　此条例中ニ用ユル電報《テレカラム》ノ語ハ百般ノ音信総テ電機ヲ以テ伝送シ又ハ伝送セント欲スルモノヲ指テ言フナリ

第三条　日本政府電信寮ハ（略）日本帝国中ニ電報ヲ送信シ及ヒ受取リ取集メ届渡等一切関係ノ事務ヲ取扱フ専任ノ権ヲ有ス

こうして「電報」は telegram の訳語として規定され一般化していくこととなった。明治八年一月には全国に架線の布設が完了した。

「電信を掛ける」から「電報を打つ」に

ところで「電信」と「電報」は使い分けられているのだろうか。明治初期の辞書で「電信」と「電報」をひいてみよう。

電信《デンシン》　テレガラフノタヨリ、電報《デンハウ》　同上　（『広益熟字典』明治七年）
電信《シン》　テレガラフ　電報《デンパウ》　テレガラフ　（『音訓新聞字引』明治九年）
電信《てんしん》　イソギノタヨリ　（『文明いろは字引』明治十年）

DEMPO　デンパウ　電報　A telegram. Syn. DENSHIN
DENSHIN　デンシン　伝信　Telegram: — kyoku, telegraph office.
（『改正増補　和英英和　語林集成』明治十九年）

でんしん　電信、はりがねだより、電報、電文　A telegram, telegraphic dispatch or message.
でんぱう　電報、でんしんじらせ　A telegram.
（『漢英対照　いろは辞典』明治二十一年）

でんしん　電信　電信機《デンシンキ》ニテ通ジタル音信《オトヅレ》。電報。
でんぱ《ポ》う　電報　電信ニ同ジ。
（『言海』明治二十二～二十四年）

「電信」と「電報」は同義語といっていいように思う。文学作品の中にも「電信」と「電報」は全く同じ場面で出てくる。たとえば、明治十五年『東京絵入新聞』に連載された「浅尾よし江の履歴」（無署名　四月二十六日〜八月五日）。

ある日信富《のぶとみ》の妻《つま》のお雪《ゆき》が（略）薫《かをる》の在家《ありか》が知《し》れたとて西京《さいけい》にゐる信清方《のぶきよかた》よりコレ此通《このとほ》りの電信《でんしん》が掛《か》りましたと見《み》するにぞ夫《それ》と聞《きく》より信庸《のぶつね》は宛然病苦《さながらびやうく》も忘《わす》るゝばかりに枕《まくら》を離《はな》れて歓《よろこ》びしが併《しか》し電報《でんぱう》なるゆゑに其具《そのつぶさ》なることは解《わか》らず

ここであらためて「電報」ということばの起源を調べてみよう。『日本国語大辞典』二版（平成十三年　小学館）の語誌には「アメリカの物理学書の漢訳『格物入門』（一八六八年）や英華辞典（一八六六〜六九年）で用いられて日本に入り（略）」と記している。

『格物入門』は、アメリカの宣教師丁韙良《ていいりよう》（W. A. P. Martin）が中国語訳を手がけたもので、その第四巻電学の下章に、「論電報」がある。その第一に、電池の最大の用は何かという問いがあり、それに対し、音信を通ずることであり、その方法を「千里信」とも「法通線」とも「電報」ともいうと答えている。

念のため、ロブシャイドの『英華字典』Ⅳ（一八六九／明治二年）をみると、

Teregraph（略）伝報（略） electro-telegraph, 電報（略）

とある。電報は中国語からの借用語であった。

日本での最初の例は、明治五年四月の『新聞雑誌』三八号にみえる「電報《デンポウ》ノ神速《シンソク》自由ナル実ニ驚クベキニ堪タリ」である。『明治大正　新語俗語辞典』（昭和五十九年東京堂出版）をみると、次が明治六年刊『附音挿図　英和字彙』の Tele-graph v.t. の訳語で「電報《ポウ》スル　電信機ニテ報《シラ》スル」と、動詞形になっている。

では「電報を打つ」という慣用句はいつできたのだろうか。『明治のことば辞典』（昭和六十一年　東京堂出版）をみてみよう。

「電信」

① The telegraph. ② A Telegram. Denshin wo kakeru, 電信ヲ掛ケル、to send a telegram; Denshin wo utsu, 電信ヲ打ツ、Same as above.

（『和英大辞典』明治二十九年）

Telegraphe, telegramme: — wo kakeru, envoyer un telegramme.（略）

（『和仏大辞典』明治三十七年）

Telegraph. — wo kakeru. To telegraph; wire.　　（『新訳　和英辞典』明治四十二年）

「電報」

A telegram. — wo utsu〔—を打つ〕。To telegraph; send a telegram; wire.　　（『新訳　和英辞典』明治四十二年）

明治二十九年の辞書には「電信を掛ける」と「電信を打つ」とが同義として例示されている。小説の中に用例をさがしてみた。

コレ此通《このとほ》りの電信が掛かりましたと見《み》するにぞ早く伴《つ》れ帰る様に電信を掛けて置いた。　（「浅尾よし江の履歴」明治十五年）

（末広鉄腸『政治小説　雪中梅』明治十九年）

此の電報は何処へ掛けるのか知らん。　（末広鉄腸『政治小説　南洋の大波瀾』明治二十四年）

「もう言はんが可《よ》い。返らぬ事だわ。其よりも奥隅様へ電報を打ったで有らうな」

（川上眉山『観音岩』明治三十九年）

直ぐかの女《ぢよ》へ当て、『TK《ティケー》ノシラヌヤドヘウツレ』といふ電報を打ち、またその意味をこまぐ〳〵と認《した》めた手紙を出した。　（岩野泡鳴『放浪』明治四十三年）

このように「電信を掛ける」「電報を掛ける」がまずみえ、明治三十年代に入ると「電報を打つ」になる。『放浪』の例は、電報と手紙の役割をも暗示している。「電信を掛ける」という言い方は、もともと電信機の一部として電信線を電信柱に掛けていった「電信線を掛ける」の省略形で、電信が電報に変わって「電報を掛ける」が成立し、さらに、電報がトン・ツー・トンとモールス信号によって打たれることから「電報を打つ」へと変化したのであろう。

「電報を掛ける」から「電報を打つ」へ変わる決定的要因は、明治三十七年から使用された文部省の国定教科書『尋常小学読本』（イエスシ読本）にある。その巻七に、「第十七　神戸《かうべ》からの電報《でんぽー》」という課があり、母が子に電報速達紙の読み方を教えている。

母は電報《でんぽー》を取って見せて、

「この上のだんの四行《ぎよー》めと五行《ぎよー》めとをごらん。『七月一日』『午ゴ一時一五分』と、書いてありませう。これが、おとうさんがこの電報《でんぽー》をおかけになった日と時間です。それから、この三行《ぎょー》めをごらん。『カウベ』と書いてありませう。ここが、おとうさんがこの電報《でんぽー》をおかけになった所です。それですから、おとうさんは、けふ、一時ごろに、神戸《かうべ》にお着きになったのでせう。」
と教へた。

ここには「電報をおかけになる」と出ている。しかし、明治四十三年より使用の『尋常小学読本』（ハタタコ読本）には、巻八に「第十四　電報」という課がおかれ、電報文の書き方を父が子に教えている。そこでは「こちらでは近年にない大火事だから、誰かすぐに東京へ電報を打ったのだらう」と、「電報を打つ」に変更されている。尋常小学読本は標準語の普及を目的として編集され、その影響は絶大なものであった。それは方言による誤解を解消するためであった。斎藤緑雨《りょくう》の「ひかへ帳」（『太陽』明治三十一年一月二十日〜十二月二十日）に、「茄子《なす》と梨《なし》、鮓《すし》と猪《しい》の看板《かんばん》すら謬《あやま》れるに、東北《とうほく》の人にありてはこれも無理《むり》ならぬこと歟《か》、用《よう》は今済《います》みしとの電報《でんぽう》に、イマシンダ」という笑えぬ電報がある。

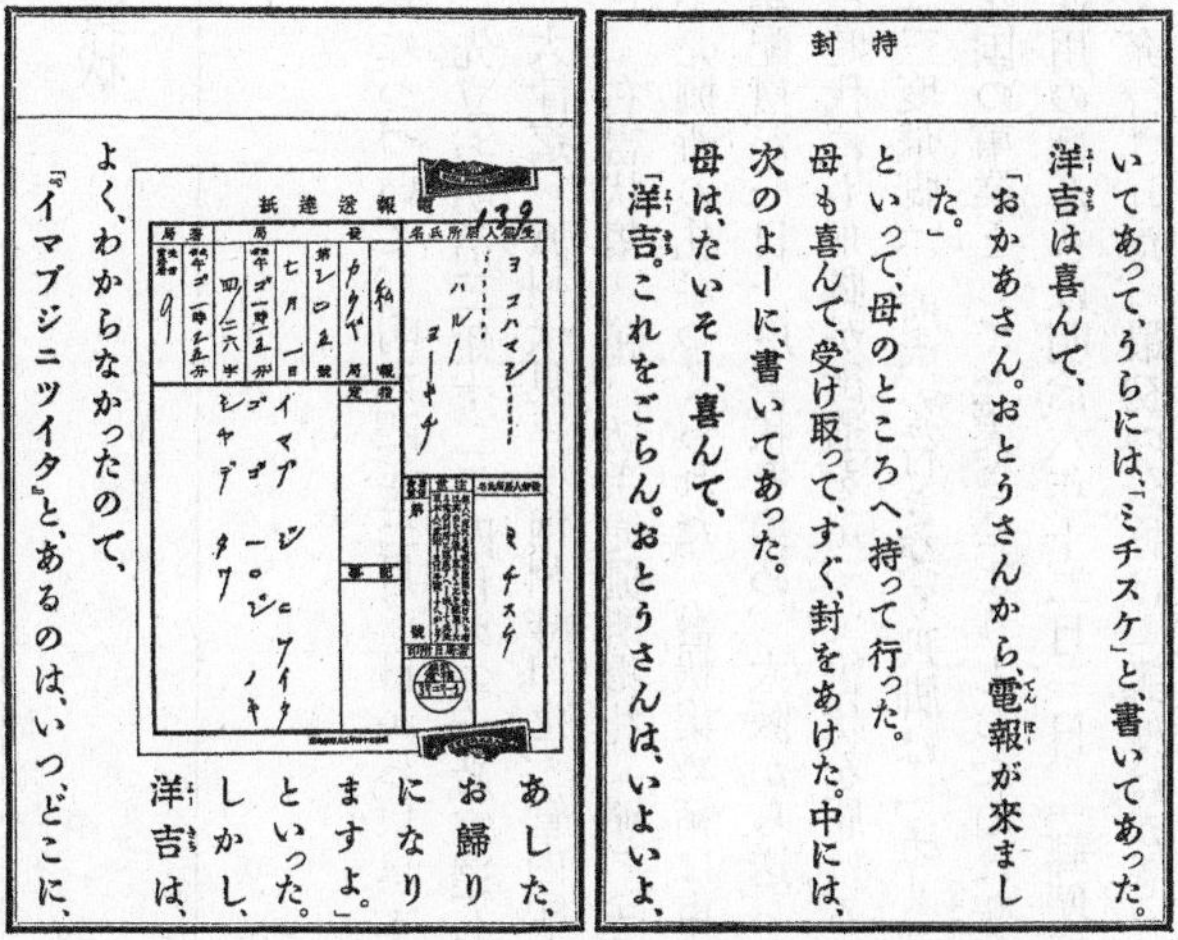

封　持

いてあって、うらには、「ミチスケ」と、書いてあった。

洋吉《ようきち》は喜んで、

「おかあさん。おとうさんから、電報《でんぽう》が來ました。」

といって、母のところへ、持って行った。

母も喜んで、受け取って、すぐ、封をあけた。中には、
次のよーに、書いてあった。

母は、たいそー、喜んで、

「洋吉《ようきち》。これをごらん。おとうさんは、いよいよ、あした、お歸りになりますよ。」

といった。

しかし、洋吉《ようきち》は、

よく、わからなかったので、

『イマブジニツイタ』と、あるのは、いつ、どこに、

『尋常小学読本』（「イエスシ読本」）巻七の電報をめぐる母子の会話。

年賀状

新造語

電報につづいて、明治四年三月一日から東京・京都・大阪間で郵便が開始された。それに先立ち明治三年十二月四日の「太政官達し」「信書郵便御取開ニ付、東海道品川ヨリ大津迄、城州伏見ヨリ河州守口迄、管内駅々書状集メ箱幷切手売捌所、可取建筈ニ付、右書状集メ箱、切手売捌所掲札（略）至急製造可致」により、書状集めの箱と切手売捌所の札がつくられた。書状集め箱は東京府内の十二か所に設置され、十二名の集配員が一日一度書状を集め、大阪から送られてきた書状を配達した。

江戸時代にも飛脚が街道を走って書状を届ける制度があり、東海道の往来は月に三度の「三度飛脚」、府内を行き交う飛脚は「チリンチリンの町飛脚」と呼ばれていた。これを国の事業として充実させようとしたのは駅逓権正《えきていごんのかみ》（局長）の前島密《ひそか》である。

郵便用のはがきは明治六年十二月一日、「郵便はがき紙並封嚢《ほうのう》発行規則」によって初めて発行された。最初の公称は「郵便はがき」でなく、「郵便はがき紙」であった

（封嚢は郵便切手が印刷された官製封筒のこと）。明治十七年には、いまの年賀状にあたる年始郵便はがきの発行が計画されている。明治十七年十二月二日の『時事新報』には「大蔵省印刷局にては、来る十八年一月より種々の模様を附けて彩色せし年始郵便端書を発行すると云ふ」と記されている。色刷りの年始郵便はがきが大蔵省印刷局から発行され使用されたのである。以降、年賀状を交換する習慣が年ごとに一般化し、年賀状の特別取り扱いが明治三十三年の十二月からはじまる。三十二年十二月六日の新聞『日本』は年賀状の増加と、特別扱いを報じている。

毎年一月の初めに郵便局へ輻輳する郵便物の数は実に非常のものにして、最多数を占むるは年賀状なり、殊に近年に至り人智の開発と共に社交の増進せし結果歳一歳と年賀状の著しく増殖せるを見る。之が為め郵便局が其取扱の上に非常なる繁劇と困難とを感ずるは局外者の思ひ及ばざる程なれば、（略）今般東京郵便電信局に於て一新案を設け、東京市内は江戸橋本局を始め各支局及郵便受取所に至るまで、本年以後は毎年十二月二十日より同三十日に至るの間、年賀状郵便物に限りて、左の各項に基き特別取扱を為す。

さらに明治三十四年一月三日の『報知新聞』は、江戸橋郵便局の取り扱った年始状の数を記事にしている。

江戸橋郵便局にて旧臘十五日より同三十日までに取扱へる年始状の数は本局のみにて二十四万六千二百四十五通、一月一日には九十二万三千七百五十五通之れに十八ヶ所の支局の分を合計すれば六百万通にして、一日迄の所、既に昨年の五百三十九万に比して、殆んど六十万通の増加なりと。

東京の江戸橋郵便局での取り扱い数が一年で六十万通も増加するということは、驚くべき普及度といえよう。そして明治三十九年逓信《ていしん》省はついに「年賀特別郵便規則」を公布して対応策を講じている。

ここで、明治時代の年始のあいさつがどんなものであったかみてみよう。明治四年『太政官日誌』一号に政府の行事が次のように記されている。

○正月元日《辛卯》寅刻四方拝御儀式畢テ　出御親王幷奏任官以上非役華族　拝賀祝酒ヲ賜フ

○二日《壬辰》判任以下　朝賀祝酒ヲ賜フ

一方、明治十六年一月九日の『朝野《ちょうや》新聞』は、栃木町近傍における村の年始のあいさつが開化へ向かう様子を次のように伝えている。

村々にては、開明の今日となりても兎角旧習を脱せず、年礼の往来も互に古格を守り、甚だしきは何兵衛の袴羽織は僭上なり、何右衛門の駒下駄は無礼なりなど云ふ位なれば、吹上村辺にては此旧習を一洗せんと、先年より一月一日には、伍長とかの宅へ一同が集会して、年礼を述る事にせんと申合はしたれども、実際行はれざりしが、今年の一日には貧富の別なく村内一同が打寄り、式の如く年礼を述べ（略）

明治二十一年十二月十二日にも『時事新報』が大阪の年始の廻礼を廃止する記事をのせた。

我国の旧慣として、例年一月の一、二、三の三ケ日間は必ず親戚故旧其他交際ある知人の許に年始の廻礼を為し来りし処、大坂にては近年只名刺を配達する位に止まり、殆んど無用の虚礼なれば、寧ろ廻礼を廃するに如じとて、今度大坂の有志者が首唱にて諸会社銀行、新聞社員、豪商紳士、代言人等は一月二日午前十時大坂商法会議所に参集し、同十一時一同祝辞を述べたる後、賀盃を挙げて散会する事に定めたるよし。

村では一軒一軒あいさつをしてまわるしきたりが、一堂に会してのあいさつになり、都市部では年賀名刺の郵送へと簡略化され、廻礼の廃止へと移り変わっている。

年賀の廻礼《くわいれい》は、なべて一日より三日までの間にすませど、遅なはれるは七日までにするなり。中には其の煩はしきに苦しみて、虚礼なりと理屈をつけて怠るもあれば、申訳《まうしわけ》までに年賀状を送り、或は近県旅行とて、五里や十里の地にわざと旅行して避くるもあれば、一室に蟄居して旅行のさまを装ふ《所謂座敷旅行》もあり。兎に角に家々の玄関門口などに名刺受を備へて、賀客を待つを習ひとす。

（平出鏗二郎『東京風俗志』明治三十二～三十五年）

私の家でも、父が玄関に名刺受けをおいていたのを記憶しているが、この頃からの風習だったのであろう。年賀の客は座敷へ通され、祝宴となり、名刺受けの利用はほとんどなかったようだ。石井研堂《けんどう》は『増訂　明治事物起原』の「年賀名刺の始」のなかで、「年賀に名刺を郵送することは、中流以上の人々の間にのみ行はれ居たりしが、明治四十三年の一月よりは其の数大に増加し、新らしき傾向を来したり」と、年賀名刺の郵送という今日ではみられない、当時の新しい風習を指摘している。

年始状から年賀状へ

これまでの記事中には、「年始状」と「年賀状」の両方が使われているが、小学館の『日本国語大辞典』二版（平成十三年）をひくと、年始状と年賀状の項目があり、年始状は「年賀状に同じ」とある。その用例をみると、「家毎に違ふ蓬萊の風〈龍眠〉山河の花の紐とく年始状〈亀成〉」と、俳諧『江戸新八百韻』（宝暦六年）に年始状を詠んだ句をあげている。年始状という単語は江戸時代から使用されている。一方、年賀状は、「今日到来せし年賀状名刺など見てありし武男は」と徳富蘆花の『不如帰《ほととぎす》』（明治三十一〜三十二年）の例がある。したがって、年賀状は明治生まれの新語である。

そこで、明治時代の年始状と年賀状の用例をみていこう。明治二十八年十二月号の『文芸倶楽部』に、三宅花圃《かほ》の「萩桔梗《はぎききよう》」が発表された。夫の磯貝一雄が妻の愛子に聞く場面である。

『浪子さんはいかにしつる、竹越より便りはなきか』と問はれて、『ほんに、年始状に写真入れて参りました、竹越さまよりあなたへの御状浪子さんよりはカードにちよつと忙がしき時と、言訳の一言御覧に入れませう』と革包より取出て、

（略）

この年始状には御状（手紙）と写真とカードが入っている。次は明治三十八年から三十九年に発表された夏目漱石の「吾輩は猫である」の一節。

元朝早々主人の許へ一枚の絵葉書が来た。是は彼の交友某画家からの年始状であるが、上部を赤、下部を深緑りで塗つて、其の真中に一の動物が蹲踞《うづくま》つて居る所をパステルで書いてある。（二）

「一の動物」は苦沙弥《くしゃみ》先生の飼猫なのであるが、先生にはそれがなかなかわからない場面である。ここの年始状は絵葉書のこと。さらに読み進むと別の年始状が出てくる。

　東風子が帰つてから、主人が書斎へ入つて机の上を見ると、いつの間にか迷亭先生の手紙が来て居る。「新年の御慶目出度申納候。…」いつになく出が真面目だと主人が思ふ。（略）此間抔《など》は「其後別に恋着せる婦人も無之、いづ方より艶書も参らず、先づ〳〵無事に消光罷り在り候間、乍憚《はゞかりながら》御休心可被下候《くださるべくそろ》」と云ふのが来た位である。それに較べると此年始状は例外にも世間的である。（二）

　この年始状は手紙である。その終わりに、「不得已《やむをえず》賀状を以て拝趨の礼に易へ候段不悪《あしからず》御《ご》宥恕《いうじょ》可被下候」と記し、本来は年始の廻礼に参上するところ年始状で失礼すると、わざわざ手紙を送ってきた迷亭《めいてい》先生が、飄然とやってくる。猫も元旦の苦沙弥先生と迷亭先生をこまかく観察し、「何でも年賀の客を受けて酒の相手をするのが厭らしい。人間も此位偏屈になれば申し分はない」と苦沙弥先生を皮肉っている。

　漱石は「吾輩は猫である」では年始状を使っていたが、明治四十二年発表の「それから」では年賀状になる。「現に代助が一戸を構へて以来、約一年余と云ふものは、此春年賀状の交換のとき、序を以て、今の住所を知らしただけである」。「吾輩は…」から「それから」が発表されるまでの間の明治三十九年に、逓信省は「年賀特別郵便規則」を公布している。漱石はこうした世の中の動きに敏感に反応したのではなかろうか。

和英辞典をみていくと、明治十九年の『改正増補　和英英和　語林集成』の「年始」の項に年始状が登録されている。しかし、年賀状はない。

NENSHI　子ンシ　年始〔toshi no hajime〕The beginning of the year: — jo, a letter of congratulation;

年賀状は明治四十二年の『新訳　和英辞典』になって、やっと登録される。

Nenga〔年賀〕The New-Year's greetings [call]. →年賀状 a letter greeting the New Year.（略）

Nenshi〔年始〕= Nenga〔年賀〕

年始は年賀と同義となり、年賀状が公式の見出しとなった。これも「年賀特別郵便規則」の反映であろう。

さらにこの交代を決定づけたのは、標準語の普及を目的とした小学校の国語の教科書であった。大正七年から使用された文部省著作の『尋常小学国語読本』(ハナハト読本)巻八には、「シカゴを立つ日に、お前たちの年始状が着きました」という文章があったが、昭和十六年から使用の『初等科国語』(アサヒ読本)巻五には「お正月には、馬にあてて、年賀状をよこす兵隊さんもあるさうだ」と、年賀状になる。筆者はこの「アカイ　アカイ　アサヒ」で始まる教科書で育った。思えば、年賀状を書きはじめて何年になることだろう。

駅

転用語

東京・横浜間に鉄道が開業したのは、明治五年のことである。現在は東京駅が鉄道網の起点になっているが、当時は新橋駅が起点であった。

服部誠一の『東京新繁盛記』三編（明治七年）に、「新橋鉄道」という一節があり、新橋の説明がある。「芝口に一橋有り、新橋と曰ふ。橋甚だ長からずと雖も、鉄函橋を為して橋に一脚無し。鉄柱欄を為して欄木を用ゐず。乃ち鉄橋を架するは独り此の一川耳」。日本中の川の中で鉄製の橋は、この一川のみという。したがって新しい橋「新橋」と名づけられたのである。駅舎については次のように活写している。

　鉄道即ち新橋の南傍、汐留の右岸に在り。寛地瀟灑、広さ数十歩、木柵域を為して自ら園囿を鉄道の間に開く。（略）園の中央に石室有り、停車場《ステーション》と曰ふ。石を鏤めて柱と為し、石を磨いて壁と為し、精巧美麗、一大石を彫して以て層楼を為すに異ならず。

汐留《しおどめ》の右岸、鉄橋「新橋」の南に木の柵でかこった庭園があり、その中央に停車場がある。その停車場は石製の堂々たる洋館であると新橋駅を説明し、次に横浜までの路程を記している。

鉄道は基源を斯に発し、芝浜を過ぎ高輪を経て品川の背後に出でて、御殿山を超え六郷の川を済つて川崎に及ぶ。此の地亦た停車場有り、横浜の車と東京の車と相ひ遇ふの地也。鶴見を踰えれば則ち乍ち神奈川、是より頗る険路に係る。数十丈の山を鑿ち、一里程の海を埋め、直ちに左に折れて横浜に達す。毎駅停車場を設けて客の昇降に任せ、専ら便裡の便を為す。

ここにいう「毎駅停車場を設けて」の毎駅は今日の「駅」ではなく、江戸時代の宿場の駅制にもとづく「宿場ごとに停車場を設けて」の意味である。

新橋から横浜までの鉄道敷設には、大隅重信と伊藤博文の並々ならぬ苦労があった。当時の世論は、宿場の職が失われる、外国から資金を借りてローンを組むなど売国行為だ、という理由で、ことごとく鉄道敷設に反対であった。しかし二人は断固として初志を貫徹した。そのおかげで今日の日本の繁栄があり、近代化が進んだのであった。日本の鉄道敷設の経緯は井上勝の「鉄道誌」(『開国五十年史』明治四十年)にくわしい。明治二年十一月、明治天皇は大蔵卿の伊達宗城《むねなり》、同大輔《たいふ》の大隅重信、同少輔の伊藤博文に対し、資金を英国に借り、鉄道を敷設することを命じた。それは英国公使パークスの勧めによるものであった。まず、東京・横浜間の約十八哩(約七十二キロ)に着手するため、明治三年三月十七日に「鉄道製造ニ付、東京ヨリ神奈川迄、道筋測量被仰付、御雇人外国人引連、役々出張可致候条、為心得相達候事」(『太政官日誌』一五号)と布告を出し、お雇い外国人によって測量が開始された。明治四年八月には井上勝が鉄道頭《のかみ》に任ぜられ、鉄道事業を推進する実質的責任者が決まったのである。

明治五年五月には品川から横浜までの運行が開始され、九月十二日には新橋・横浜間が全通して、明治天皇が新橋と横浜の両停車場に臨御《りんぎょ》され、盛大な開業式が行われた。八月二十八日の『東京日日新聞』には、一般人に対する開業式の案内が掲載されている。

来ル九月九日、鉄道開業式被為行候ニ付、当日新橋、横浜鉄道館及浜離宮延遼館等、諸官宮華族ヨリ平民ニ至ル迄、勝手ニ拝見被差許候条、此段相達候事。壬申八月二十五日　太政官

来ル九月九日、鉄道開業式被為臨行幸被仰出候ニ付、本日奏任官以上、朝第八字新橋鉄道館へ参集可致事。但著服直垂之事。壬申八月二十五日　太政官

宮華族から平民まで、だれでも開業式を拝見できると報じている。しかし、奏任官《そうにんかん》以上は儀礼用の和装「直垂《ひたたれ》」を着用して集まるよう指示している。朝八時を「第八字」と記している点に時代の反映がみられるが、これについては次の項に述べよう。「鉄道館」はふりがながないので明らかではないが、「てつどうかん」と読んだものであろう。

一方、開業式当日の入場券には、「幸臨鉄道開業縦覧ノタメ当日朝八時ヨリ新橋ステーション内桟敷へ入ルヲ許ス　九月九日　鉄道寮」と記されている。日本で最初に完成した新橋の駅舎が、太政官布告では「鉄道館」、鉄道寮《りょう》では「ステーション」になっている。この違いは原語が異なることに起因する。「鉄道館」はrailroadまたはrailwayを「鉄道」と訳し、「鉄道の建物」の意で造られた。鉄道枝館、鉄道諸館とい

う語もみえる。これに対して「ステーション」は、鉄道敷設にたずさわったお雇い外国人が使っていたstationを、音のまま採用した外来語である。日本で最初に刊行された江戸時代(文久二年)の英和辞典『英和対訳袖珍《しゅうちん》辞書』には次のように記されている。

Station 有様、位、立場、継キ場《道中ノ》

Railroad,Railway 火輪車ノ道 Temporary railway 一時ノ急用ニテ造リタル鉄道

「鉄道館」も「ステーション」もないので、どちらも明治生まれの日本語と考えられる。

「鉄道館」の使用例をさがしてみると、鉄道開通式に関する布達が『郵便報知新聞』明治五年九月十八日附録にみえ、すべて鉄道館の語が使われている。

一、新橋鉄道館幷ニ横浜鉄道館ニ各近衛歩兵一大隊ヲ置キ、天皇臨御ノ節横隊ニ布列シ、捧銃式ヲ行ヒ喇叭ハヲーシヤンノ曲ヲ吹シム

一、皇城ヨリ鉄道館迄ハ近衛騎兵ヲ以テ警衛セシム。還行ノ節同断

「ステーション」のほうは前掲の鉄道寮の例のほか、明治六年二月八日の『東京日日新聞』に、「神戸より来書中に云、神戸と大坂の間鉄道工業成りて、第一月二十七日より汽車試の為、大ステーションより小ステーション迄十町斗りの間、運転初りしと也。大抵三四月に至らば、西宮駅の小ステーション迄は運輸開けべくとの説あり」と使用されている。ここの「西宮駅」も今日の駅ではなく宿場の意である。

同年四月の『新聞雑誌』八九号に、「府下新橋ステーションニ於テ、二月中蒸気車乗組人員、并収入金共、総計十万千三百四十九人、金三万九百十九円六十銭一厘二毛五糸。三月二十四日ヨリ三十日迄一週間ニテ、三万二千九百二十五人、金九千八百九十二円六十銭五厘ノ入税額ナリシト云」という記事があり、新橋ステーションでの乗客数が二月中で十万人を超し、明治の日本人が鉄道の開通を文明開化の象徴と喜び、利用したことが報じられている。新橋ステーションは当時の話題としてもてはやされ、さっそく歌舞伎に取り上げられた。

明治七年初演の河竹黙阿弥「繰返《くりかへす》開花《かいくわ》婦見《のふみ》月《づき》」にも、鉄道館とステーションがあり、後者はステンションに変化して「総《すべ》て新橋ステンション夜の体《てい》」(ト書)と使用され、

せりふではステンショと略される。「朋友一両輩誘引《いういん》し、ステンショより八時の車で横浜へ遊びにまゐつた」。

明治二十七年一月十五日の新聞『日本』のコラム「十方笑話」では、「ステーションは英語なり、何時か採用せられて邦語となり掛れり、俚言には早く『ステンショ』といふ、ステンショ面白し、漢学者は『須転処』の意味なりと解せん」と解説している。英語に慣れない日本人が、ステーションのションを「処」あるいは「所」と類推してできた語形であろう。

外来語から、在来語の転用へ

station は、外来語として鉄道開業の以前から使用されていた。荒川惣兵衛《そうべえ》著『角川外来語辞典』（昭和四十二年）によると、明治三年の中井弘著『航海新説』に「ステイシユン」とあるのが早い。その後、ステンション、ステンショと語形変化したが、訳語としては、「火輪車駅」「停車場」の字があてられる。「火輪車駅」は村田文夫の『西洋聞見録』（明治二年）にみえ、やがてふりがななしの「停車場」と、「停車場《テイシヤヂヤウ》」が現れる。

去月ノ下浣ニ東京新橋ノ停車場ニ於テ左ノ文ヲ貼スルモノアリ。
（『東京曙新聞』明治八年十一月五日）

東京新橋品川大森川崎鶴見神奈川横浜ノ鉄道停車場電信分局ニ於テ本月十五日ヨリ公私一般ノ電報通信取扱ヒ、　（『東京日日新聞』明治十一年十二月七日）

梅田停車場より西京七条停車場迄、　（『郵便報知新聞』明治十二年六月十二日）

仏国巴里府ノ停車場《テイシャヂャウ》　（丹羽純一郎訳『欧洲奇事　花柳春話』附録　明治十二年）

明治十二年九月の小説『巷説　児手柏《このてがしわ》』（転々堂主人・高畠藍泉）では「第一番の汽車に乗こみ新橋の停車場《すていしよん》へ着と」と、「すていしよん」のふりがなつきで登場する。「ていしゃば」のふりがなは、明治二十五年の『風俗画報』五三号漫録の「一番汽車にうち乗り新橋の停車場《ていしやば》を立出でぬ」が早い。

「新橋停車場《すていしよん》」は明治二十年代、三十年代の小説にしばしば登場するが、四十年代に入ると、ふりがなが「ていしゃば」に一変する。明治四十年一月『新小説』に発表され、自然主義と同義ともいわれた田山花袋《かたい》の「蒲団《ふとん》」では、手紙の中に「昨日四時に田中から電報が参りまして、六時に新橋の停車場《ていしやば》に着くとのことですもの」と出てくる。

また、短歌にも盛んに使われる。石川啄木の『一握の砂』（明治四十三年）のなかの「ふるさとの訛なつかし／停車場《ていしゃば》の人ごみの中に／そを聴きにゆく」は、その代表作である。若山牧水も『別離』（明治四十三年）に、「別るる日君もかたらずわれ云はず雪ふる午後の停車場《ていしゃば》にあり」と停車場を舞台に詠んでいる。

では、なぜ四十年代に「停車場《ていしゃば》」が一般化し、さらに今日の「駅《えき》」へと変わったのであろうか。それは明治三十七年四月から使われた文部省著作の『尋常小学読本』（イエスシ読本）の巻七第十四「停車場《ていしゃば》」の影響であろう。

人が、おほぜい、停車場《ていしゃば》の方へ、行きます。あれは八時の汽車に乗るのでせう。

ふりがなのついた停車場の例があり、そしてその後に、「駅」が出てくる。

がらんがらんと、べるがなる。
煙《えき》をはいて、汽車が来る。
駅の名呼ぶ声。とびらのあく音。

分 間 荷物

時間が來ると、すぐ、出ます。一分ても、まつことはありません。

停車場《ていしゃば》の中ては、人が切符《きっぷ》を買ってゐます。後から、來た人は、さきに、來た人の後について、じゅんじゅんに、買ってゐます。また、荷物をあづけてゐる人もあります。あれは、えんぼーへ、行く人てせう。

驛夫《えきふ》がべるをならしました。人が、切符《きっぷ》をきってもらって、乘場《のりば》に出ました。まもなく、汽車が見え

煙

てきました。まっさきに、煙をはいて、來るのは機關車《きかんしゃ》てす。機關車《かんしゃ》は、蒸氣《じょーき》の力て、後の車をひくものてす。機關車《きかんしゃ》の次に、たくさん、ついてゐるのは客車《きゃくしゃ》てす。客車《きゃくしゃ》は人を乘せるものてす。客車の後についてゐるのは貨車《かしゃ》てす。貨車《かしゃ》は荷物を乘せるものてす。
汽車が着きました。客車《きゃくしゃ》から、人がおります。お

『尋常小学読本』（「イエスシ読本」、明治37年）の「停車場《ていしゃば》」。

この「駅の名」は前述の宿場の名ではない。すでに明治三十四年四月九日の『国民新聞』に、「官線新橋駅に於ける貨物は逐年非常の増加をなすより、昨年中同駅に五百余坪の上屋一棟を建設し」という「新橋駅」の使用例があり、詩人正富汪洋《まさとみおうよう》も詩歌集『夏ひさし』（明治三十八年）の一首「世界揺《ゆ》る天兵中の猛将軍好いやとわれも小さき手拍《う》ちぬ」に「新橋駅にて」と注記している。駅がステーションと同じ意味で使われているのである。

このように、明治三十七年から小学校で使用された国定教科書が、「ステーション」から「停車場《ていしゃば》」へ、さらに「駅」へと変わるきっかけとなった。「駅」が定着するのは東京市の中央停車場として、明治四十一年着工の駅舎が大正三年に完成し、東京駅と命名されたからである。

英語Stationの概念を導入するにあたって、日本人は外来語「ステーション」も、新造語の「鉄道館」も「停車場（ていしゃじょう／ていしゃば）」も捨てて、昔からある類似の意味をもつ「駅」に新しい意味をもたせて定着させた。まことに興味深いことといわねばならない。

時間　　新造語

明治時代まで日本の時間の測り方には定時法と不定時法とがあった。定時法は六六〇年、天智天皇が皇太子のときにつくった水時計（漏刻《ろうこく》）が最初といわれ、『日本書紀』（養老四年／七二〇年完成）の斎明《さいめい》天皇六年五月の条に、「皇太子《ひつぎのみこ》初めて漏刻《ときのきざみ》を造る。民《おほみたから》をして時を知らしむ」と記録されている。水時計は一時《いっとき》の長さ（現在の約二時間）が一年中一定していることから定時法と呼ぶ。一方、不定時法は、日の出と日の入りを基準にしているため、季節によって一時《いっとき》の長さが異なってくる。どちらにしても、時の呼び方には二通りあって、一つは、一昼夜を十二に区分し、真夜中と真昼とにそれぞれ九の数をあて、一時《いっとき》を経過するごとに一つずつ数を減らして四つまで数え、また九つにもどる呼び方である。「六ッ時《どき》」「四つ時《どき》半」などがそれだ。他の一つは、一昼夜を十二に区分し、それに十二支をあて、「寅の刻」「巳の刻」などと呼ぶほうである。

江戸時代に不定時法が広く行われていたところへ、開国によって、外国人が西洋式の時の測り方をもちこんだ。一昼夜を二十四区分する今日の呼び方である。しかし「四時」「十二時」のように「時」をつけて時刻を表すのではなく、「字」をつけていた。

石井研堂著『増訂　明治事物起原』には「時刻新称の始」という項目があり、「字」の例をあげている。

〔岡田小記〕慶応元年閏五月十日の条に『第十字上海に着』の自註に、『何字は時の名なり。西洋一般、一昼夜を二十四時間に分つ。今我時と混ぜんことを恐る。故に言相通ずるを以て、記中仮に字の字を用ゆ』とあり。字の字を時刻に使ひし古き方なり。

慶応三丁卯年正月十一日、向山隼人正の横浜出帆御届に、『今十一日西洋第九時、横浜表出帆仕候云々』とある如く、特に西洋第幾時と断る不便ありたれば、西洋式時刻には、字の字を使ふ者漸く多し。

今日の官報にあたる『太政官日誌』にも「字」が散見する。たとえば、外国公使への連絡の場合、「然ラバ明十五日十字ノ朝《アサ》米国公使館《クワン》ニ於テ再会《サイクハイ》シ各般《カクハン》ノ諸事件ヲ約定セン」（第一　慶応四年二月十四日）「前日各国公使ヱ何刻《西洋第幾字》令ニ参内之旨外国事務補ヨリ書翰ヲ以三ヶ国公使ヱ通達ス」（第四　慶応四年二月二十八日）のように、「明十五日十字ノ朝」とか、「何刻」に「西洋第幾字」とか注記している。

明治五年五月に品川・横浜間の鉄道が開通したときも、乗車規則は次の図のように「字」が用いられた（『新聞雑誌』四三号）。鉄道の敷設を担当した鉄道寮が、お雇い外国人によって指導された影響であろう。

これは江戸時代に一般的であった「明六ッ《あけむ》時《どき》」「四ツ時頃」などの、今日の約二時間にあたる「時《とき》」と混同しないためで、明治五年の『愛知新聞』二七号に「時刻ニ字ノ字ヲ用フルハ原《モト》旧幕府ノ頃、我従前ノ時ト混乱スルヲ避ケタルナリ」と記されている。

では、西洋式の時刻を「時《じ》」で表すのはいつからかというと、慶応二年の福澤諭吉著『西洋事情』が早いのではなかろうか。同年六月には脱稿していた初編巻之一の「学校」の項に、「毎日教授ノ時ハ朝第九時ヨリ始リ第十二時ニ終リ中食シ午後第二時ヨリ晩第九時ニ終ル七日毎ニ一日休業」と西洋各国の学校の開始と終了の時間を紹介し、第九時、第十二時など時《じ》で表記している。そのほか、慶応二年八月、英国に留学を命ぜられた箕作奎吾《みつくりけいご》の日記に、「十月二十日第一時大森へ着午飯す、第四時神奈川へ着」とみえ、戊辰閏四月（慶応四年）に、外国事務小松帯刀《たてわき》と後藤象次郎の名で執務条約を下達した文書の第三項にも、「局中九時に出勤、午後一時に退散す」と書かれている。（『増訂　明治事物起原』）

『太政官日誌』の中にも、「〇ッ時」と「〇の刻」の従前の二通りと、「第〇字」と「第〇時」の西洋式の二通りの四表記があり、並行して使われていた。しかし「未の刻」や「六ツ半時」が西洋式の何時に相当するかは、一般人に容易にのみ込めず、時計屋は新旧対照時間表を印刷し、時計とともに売ったという。さらに「時」と「字」の併用は、興味深い実話を残した。

或る士人奈良県庁へ呼出されしが、溜に待居たる時、一僧侶と椅子に対倚し、楣間の掲示文を見、願伺のことは十字限りとありたるを見て、僧よりその士人に云ひけるやう。如何なる文人弁者といへども、唯十箇の文字を以て情実を尽し得んや、簡便を示すも余りなりと語りければ、士人も御尤なりと答へたりとぞ、一笑。

（『郵便報知新聞』六号　明治五年）

鐵道列車出發時刻及賃金表

上り	横濱發車	品川到着
	午前八字	午前八字三拾五分
	午後四字	午後四字三拾五分

下り	品川發車	横濱到着
	午前九字	午前九字三拾五分
	午後五字	午後五字三拾五分

賃金		
上等	片道	一圓五拾錢
中等	同	一圓
下等	同	五拾錢

小児四歳迄ハ無賃十二歳迄ハ半賃金小包胴亂ノ類ハ無賃其餘目方三十斤迄ハ二十伍錢三十斤以上六十斤迄ハ五十錢尤一人六十斤迄ニ限ル

明治5年『新聞雑誌』43号に掲載された鉄道列車出発時刻及賃金表。この年5月、品川・横浜間が開通した。

「願何のことは十字限り」の掲示をみて、十時までと、十文字までを間違えたというのだが、これは漢字を読める知識人でなければ不可能な高度な誤解でもあった。

明治政府は時の表示法を統一するため、明治五年十一月九日、太政官から改暦の詔書を出した。推古天皇の六〇四年以来採用されてきた太陰暦から太陽暦への大変革であった。

一、今般太陰暦ヲ廃シ太陽暦御頒行相成候ニ付来ル十二月三日ヲ以テ明治六年一月一日ト被定候事／但新暦鏤板出来次第頒布候事

一、一ヶ年三百六十五日十二ヶ月ニ分チ四年毎ニ一日ノ閏ヲ置候事

一、時刻之儀是迄昼夜長短ニ随ヒ十二時ニ相分チ候処今後改テ時辰儀時刻昼夜平分二十四時ニ定メ子刻ヨリ午刻迄ヲ十二時ニ分チ午前幾時ト称シ午刻ヨリ子刻迄ヲ十二時ニ分チ午後幾時ト称候事

一、時鐘之儀来ル一月一日ヨリ右時刻ニ可改事／但是迄時辰儀時刻ヲ何字ト唱来候処以後何時ト可称事

一、諸祭典等旧暦月日ヲ新暦月日ニ相当シ施行可致事

（『太政官日誌』九七号）

この詔書によって、明治六年一月一日から日本の時刻の呼び方が統一され、「字」の使用は禁止された。何字から何時への変更がスムーズに実行できたのは、太陰暦の廃止により、二時間の単位「時《とき》」が使用されなくなったからである。

単位としての「時間」

明治八年二月に起草、十七年十二月に成稿して、明治二十二年にようやく刊行された大槻文彦《おおつきふみひこ》の国語辞典『言海《げんかい》』に、「とき(時)について」の明解な説明と対照表がある。

一昼夜ヲ、二十四ニ平分シ、而シテ、真夜中過ギヨリ真昼中ニ至ル間ヲ十二ニ分チ、第一時《ダイイチジ》ヨリ数ヘテ、第十二時（正午）ニ終ハル、コレヲ午前《ゴゼン》トイフ、又、真昼過ギヨリ真夜中ニ至ルモ、前ニ同ジク、コレヲ午後《ゴゴ》トイフ。（後ノ表ヲ見ヨ）
此一時ヲ、更ニ六十ニ割リテ、分《フン》トイヒ、分ヲ、更ニ六十ニ割リテ、秒《ベウ》トイフ。

『言海』では、一昼夜の時の区分を、午前・午後・一時・分・秒と説明している。六十分を示す時の単位が「一時」となっている。「一時間」ではない。そこで「時間」の項をみると、「じかん　時間　トキノマ。トキノアヒ。トキ」と記されている。そこで「時間」の使用例を集めてみた。

火薬ヲ製スルトキ費シタル時間ノ価《時ハ即チ金ニ同シ》ト之ヲ製スルニ用ヒタル材料《硝石硫黄木炭ノ類》トヲ消滅シ

（福澤諭吉『西洋事情』二編巻之一　明治三年）

一人脚夫《ヒキヤク》一字間ニ数百通ヲ達シ得ルト

（『新聞雑誌』四六号　明治五年）

発車ノ前、猶ホ数《ス》分時《フンジ》間《カン》アリ

（丹羽純一郎訳『欧洲奇事　花柳春話』附録　明治十二年）

此の活世界《くわつせかい》に立ち二三年の時間《じかん》を以て十分に政事上の改革を成就することは

（末広鉄腸『政治小説　花間鶯』明治二十〜二十一年）

これらは、いずれも「トキノマ」の意であって、時を数える単位ではない。興味深いことに英和辞典では、time ではなく、space の訳語に「時間」が出てくる。明治六

午前

今制	旧制
第一時	（九ツ半時）
第二時	夜 八ツ時 丑ノ刻
第三時	（八ツ半時）
第四時	暁 七ツ時 寅ノ刻
第五時	（七ツ半時）
第六時	明 六ツ時 卯ノ刻
第七時	（六ツ半時）
第八時	朝 五ツ時 辰ノ刻
第九時	（五ツ半時）
第十時	昼 四ツ時 巳ノ刻
第十一時	（四ツ半時）
第十二時（正午《マヒル》）	昼 九ツ時 午ノ刻

午後

今制	旧制
第一時	（九ツ半時）
第二時	昼 八ツ時 未ノ刻
第三時	（八ツ半時）
第四時	夕 七ツ時 申ノ刻
第五時	（七ツ半時）
第六時	暮 六ツ時 酉ノ刻
第七時	（六ツ半時）
第八時	宵 五ツ時 戌ノ刻
第九時	（五ツ半時）
第十時	夜 四ツ時 亥ノ刻
第十一時	（四ツ半時）
第十二時（子夜《マヨナカ》）	夜 九ツ時 子ノ刻

年刊の『附音挿図　英和字彙』では、

space　間《アヒダ》。広《ヒロサ》。空所《アキショ》。間隔《ヘダヽリ》。時間《ジカン》。字隔《モジシキリ》

Time　時《トキ》。度《ド》。光陰《ツキヒ》。時代《ジダイ》。音節《オンセツ》

となっている。Timeの訳語が「時間」になるのは、明治十四年の『哲学字彙』（東京大学三学部印行）の「Time　時間」が早い。なお、『新聞雑誌』四六号の「一字間」は、実質的には西洋式の「一字（＝一時）の間」であるから六十分の意味になる。時間が六十分という単位を示すのはいつからか。和英辞典で調べてみよう。

JIKAN　ジカン　時間　Interval or space of time; duration; time:

（『改正増補　和英英和　語林集成』明治十九年）

Jikan（時間）Time; space of time; hour　（『新式　日英辞典』明治三十八年）

Jikan（時間）Time; hour（一時間）　（『新訳　和英辞典』明治四十二年）

hourが現れるのが明治三十八年で、確実に「一時間」と記してあるのは、明治四

十二年である。一方、明治三十七年から使用された国定教科書『尋常小学読本』（イエスシ読本）はどうか。

おつる「にいさん。この　とけい　を　みて、どうして、じかん　が　わかりますか。」（巻三）

けふ、学校で、算術の時間に、（略）桝目《ますめ》のとなへかたと、そのけいさんのしかたとをならった。（巻七）

大阪市《オホサカシ》ハ、（略）。京都市《キョート》カラ、汽車ニノッテ行クト、一時間バカリデ、着ク。（巻六）

コノトホリデ、五時間《ジカン》ホド、ウチアヒマシタ。（巻五）

時間には時刻と授業時間の意味があり、さらに「一時間」「五時間」の表記がみえる。これらは、「一時＋《プラス》間」「五時＋間」ではなく、「一＋時間（六十分）」「五＋時間（六十分）」と意識されている。一時間を六十分とする時の単位「時間」は、明治後期における語意識の変化によって誕生したのである。

世紀

明治五年に西洋にならって太陽暦を導入したことによって、西暦という概念が日本に入ってきた。キリストの生誕年から数える方法で、これにともない「世紀」ということばが生まれた。最近では、西暦二〇〇〇年は二十世紀の終わりか二十一世紀の初めかでマスコミを賑わした。生きのよい現代語を収録していることで知られる『三省堂国語辞典』四版（平成四年）は、その疑問に例をあげて明快に答えている。

①百年を単位とした年代区分。例、一九〇一年から二〇〇〇年までは二十世紀。
②この世紀（最大であること）。「――の祭典」

このように一般に知られている年代を数える単位「世紀」も、百年前には知らない日本人がいた。明治初年の時代性を反映しているといわれる徳富健次郎《とくとみけんじろう》（蘆花《ろか》）の

『思出の記』（明治三十四年）は、熊本の漢学塾、西山塾《せいざん》の場景をうつして「世紀」を話題にしている。

曾《かつ》て万国新史《ばんこくしんし》の会読《くわいどく》の時、「世紀《せいき》」と云ふ字があつたが、上《かみ》は先生より下《しも》僕等に到《いた》るまで如何首《どうくび》を捻《ひね》つても一向其《かう》意味が分らぬ。顔見合して茫然《ばうぜん》として居ると、幸《さいはひ》にも塾生《じゆくせい》の中に長崎で洋学《やうがく》をかぢつて居た男があつて、世紀《せいき》と云ふは西洋《せいやう》の年代を算ふるに用ふる語で百年が一世紀《せいき》だと云ふ説明をしたので、一同雲霧《うんむ》を排《ひら》いて青天《せいてん》を見たこともあつた。（二の巻五）

この記事は明治十二年の回想である。したがって、漢学書生たちは知らない概念であったが、洋学書生は理解できたことになる。そこで、百年を意味するオランダ語、英語、フランス語、ドイツ語を辞典で調べてみよう。

［蘭日辞典］

EEUW　百年。生涯。　（『訳鍵《やつけん》』文化七年）

eéuw, eéuwe　一期　百年ヲ云フ　（『和蘭字彙』安政二～五年）

［英和辞典］

Century《センチユリー》 Ege《エーチユ》　生涯　又一期《イチゴ》　（『諳厄利亜《アンゲリア》語林大成』文化十一年）

Century　百年、一世　（『英和対訳袖珍辞書』文久二年）

CENTURY H'yaku nen.　（『和英語林集成』慶応三年）

［和仏・仏和辞典］

一期《イツキ》《百年ヲ云フ》siécle, century《センチユレイ》, eeuw《エーユウ》　（『三語便覧』嘉永七年）

siécle　一期　百年ヲ云フ　（『仏語明要』元治元年）

いずれをみても「世紀」という文字はない。江戸時代に百年をさして世紀と訳したものはないようである。

ただし、「世紀」という文字が中国に別の意味で存在したかどうかは調べてみなければならない。諸橋轍次《もろはしてつじ》著『大漢和辞典』（昭和三十～三十四年　大修館書店）をひくと、見出しはあるが用例はない。そこで中国で最大の『漢語大詞典』（一九八八年）をみると、「世紀」の項に三つの意味があり、その一つが今日と違っている。

①記録帝王世系的書。古有〈尚書世紀〉。晋　皇甫謐撰〈帝王世紀〉、載上古以来帝王之事（略）

これは、帝王の世系を記録した書ということで、世系は血筋、系譜のことである。「世紀」という文字は中国で少なくとも晋の時代に存在していた。日本でも山村昌永《まさなが》訳『魯西亜国志世紀』（文化三年　内閣文庫蔵）の「世紀」がこの意味であろう。中国的な意味では日本でも使用されていたのである。

そこで次に、中国でcenturyはどう訳されていたか英華辞典を調べてみよう。

A CENTURY　一百年（略）
（R.Morrison. *A Dictionary of the Chinese Language.* Three parts, 1822）

CENTURY, 一百年（略）　（S. W. Williams.『英華韻府歴階』1844）

CENTURY, 100 years, 一百年（略）an age, 一世（略）
（W. H. Medhurst. *English and Chinese Dictionary.* in two volumes, 1847）

CENTURY, a hundred years, 一百年（略）（W. Lobscheid.『英華字典』I　1866）

これらの代表的な英華辞典には、いずれも「一百年」と記されている。したがって、これらを参考にした明治期の英和辞典が、百年を訳語に使用したのは当然のことである。

「世紀」が日本の英和辞典に登場するのは、明治十五年のことである。

Century 百数。百年。百紀。一世紀（『附音挿図 英和字彙』二版 明治十五年）

以後、続々と辞書に「世紀」が採用されていく。

Century, a hundred years 百年。百紀。百数。一世紀（『英和双解字典』明治十八年）

Century 百年、世紀（『附音挿画 英和玉篇』明治十八年）

Century 百数《スウ》、百年、世紀 Ninteenth century 十九世紀（『訂正増補 英和対訳大辞彙』明治十九年）

仏和・独英和の辞典にもみえる。

Jahrhundert, century, age, 一世紀、一百年　（『独英和三対字彙大全』明治十九年）

Siécle 世紀（百年間）。時代。長時間。世俗（僧侶ノ状態ノ反対）。un demi-siécle 半世紀。　（『仏和辞林』明治二十年）

このように「世紀」の今日的意味が普及していくが、用字が定着するまでにはいろいろな訳語の試みがあった。

「紀」紀元一年より百年に至るを紀元第一紀《ホルストセンチユリ》といひ（略）方今は即ち紀元第十九紀《ナインテンセンチユリ》の中なり、紀は則ち英語「センチュリー」といふ。
（河津孫四郎訳述『西洋易知録』附言　巻之一上　明治二年）

「世期」幾世期ト記ス者ハ、世代ヲ著ス称ニシテ、凡ソ一百年ヲ一世期ト称ス。
（加藤弘之訳『国法汎論』首巻凡例　明治五年）

「世」第十七世　西洋百年ヲ以テ一世トス十七世ハ千六百一年ヨリ千七百中ヲ言フ
（室田充実訳『西洋開化史』明治八年）

「百年」第十二回百年の間《一千一百一年ヨリ一千二百年ニ至ルマデ（略）》

（中村正直訳「西学一斑」『明六雑誌』一〇号　明治七年）

「百年紀」　百年紀《センチュリー》トハ其百年紀ノ第一年ヨリ始マリ一百年ノ時限ヲ言フ故ニ現今ハ耶蘇紀元第千九百年紀ナリ

（河村重国訳「時学及時刻学」『文部省百科全書』明治九年）

「紀」「世期」「百年」「百年紀」をへて明治九年に、モンテスキュー著、何礼之《かれいし》重訳『万法精理《ばんぽうせいり》』の中に「世紀」が出現する。これを指摘したのは広田栄太郎「『世紀』という語の定着」（『近代訳語考』昭和四十四年　東京堂出版）で、『万法精理』の巻二十六に、「読者ボーマノイル氏（第十二世紀ノ大著述）ノ法学書ヲ閲セハ胸中ノ疑団自ラ釈然タルヘシ」と出てくる。凡例に巻二十一以降は鈴木唯一《ただかず》が訳したと記されているので、「世紀」の使用者は、いまのところ鈴木唯一が最初ということになろう。

「世紀」が一般化するには、ハーバート・スペンサーの『Social Statics』を翻訳した松島剛《ごう》の『社会平権論』（明治十四年）の力があったのではなかろうか。その凡例に世紀について詳細に解説している。

一、書中幾世紀ト記ス者ハ世代ヲ著ス名称ニシテ、一百年ヲ一世紀ト称ス。故ニ紀元ノ初年ヨリ一百年ニ至ルノ間ヲ一世紀ト云ヒ、一百一年ヨリ二百年ニ至ルノ間ヲ二世紀ト云フ。余ハ推シテ知ル可シ。

中国の「世系」、西洋の「西紀」

では、どうして「世紀」は血筋・系譜から百年へと意味が移動したのであろう。その謎を解く手がかりが香港の美華書院から一八六四年に刊行された『智環啓蒙塾課《ちかんけいもうじゅくか》初歩』にある。これは宣教師の理雅各（James Legge）が書いた英華対訳の教科書で、その百二十課「甲子百年論」に次の文がある。

In the west, they reckon by centuries, dividing the history of the world into two parts, one before the birth of the Saviour, and one after it.

西国則用二百年一、将二世系一分為二二層一、以二救主耶蘇降生之前後一別レ之。

（柳河春三《やながわしゅんさん》訓点　慶応三年　国立国語研究所蔵）

この漢文がよく理解できない人のために、明治六年『官許　智環啓蒙和解《わげ》』（広瀬渡・長田知儀訳述（石川県学校蔵版）が出版された。

支那ニテハ世系ヲ記スニ六十年ノ花甲ヲ用ヒ黄帝六十一年ヨリ始メ一周シテ復タ始メ循環止マス今年ハ第七十六ノ花甲初年ニテ乃チ甲子ナリ西洋ニテハ世系ヲ記スニ百年ヲ以テ一世《センチユリー》トス耶蘇誕生ノ前後ニテ歴史ヲ二段ニ分チ一ハ上帝人類ヲ造リ創メシヨリ耶蘇誕生ニ至ルマテニテ五十四世ト十一載ナリ一ハ耶蘇誕生ヨリ今日ニ至ルマテニテ十八世ト六十四載ナリ　（第百二十章「花甲ト百年ノ論」）

要するに、世系を記すのに、中国は六十年を単位とし、西洋は百年を単位とすると述べているのである。したがって、「世紀」が中国で「世系」をさすのであれば、世系をさす西洋の百年も「世紀」と訳してよいと考えたのではなかろうか。これが私の解釈だが、いかがだろう。

ともあれ、「世紀」は十八世紀、十九世紀、二十世紀と使用され定着していった。明治三十四年の『読売新聞』連載小説、山岸荷葉《かよう》の「紺暖簾」（六月一日～九月十九日）では、当世風の女学生安見高子が、松宮諦子、十見野の二人に英語交りの会話でこれを使っている。

「ざつ、つゆあ　勝手《ヴオオランタレエ》？　あゝ十九世紀《せいき》の少女《ガアル》の礼を知らんのは仕方がない！」高子は漸《やうや》く肩を聳《そびや》かし来り、

「第一この袖は何《なん》の関係《リレエシヨン》を持つて居《を》るのですか、何《なん》の為めにこの様な、丈《たけ》にも余るものを釣して居《を》るのですか。かやうに日に月に進歩《リファイン》し、発達《デヴエロツプ》して行く日本国体《ジヤパンニイスタイル》として、まだ十七八世紀頃《せいきごろ》の陳腐な服装《ドレツス》をば、いつまで甘んじて着てゐる事か、のんせんす！　のんせんすも亦甚《またはなはだ》しい。みす　松宮、貴女は二十世紀的に化《な》る第一歩として、まず我々の服装《ドレツス》を学ぶ勇気《カレエジ》がありませんか。」

諦子《あきこ》は無言でその面《おもて》を皺《しわ》むるのを、此方《こなた》は構《かま》はず、

「え？　かういふ服装《ふくさう》になりませんか。活発で可《い》ですよ。」（七）

明治も四十年になると、新橋の花柳界で芸者の唄にも世紀が現れる。「今の世は、二十世紀の世の中よ、フエースやスタイルに惚れはせぬ、ハートに惚れるが、真《しん》のラブ」（矢野龍渓「不必要」十九『毎日電報』明治四十年四月十五日～五月二十四日）。二十一世紀にこの歌詞は通じるであろうか。

第Ⅱ章　新しい家族をつくった日本語

彼女

新造語

「彼女」という題をみて、何を想像されるだろうか。すぐに「恋人」のことを思い浮かべる人、英語の時間を思い出す人、また「いつも使ってることばじゃないか」と思う若い人もいるだろう。これは、職業や年齢による生活体験が反映しているからで、「彼」と「彼女」という一対の言葉は、その成り立ちからして、いろいろな性格をもっていたのである。

「彼《かれ》」というと、He is a boy. の he を思い出す人が多いと思うが、この語は古い歴史をもち、すでに『万葉集』にその例がみられる。しかし、万葉集での「彼」は人をさしてはいない。さらに平安時代になると、広く用いられるようになり、『源氏物語』では男性・女性両方を「彼」ということば一つでさし示しているうえ、非人称代名詞として物をもさしている。

たとえば、源氏物語の「藤裏葉《ふじのうらば》」の巻に、内大臣《ないだいじん》が夕霧のことを「父おとどにもまさりざまにこそあめれ。かれはたゞいとせちになまめかしう愛敬《あいぎやう》づきて、見るにも笑ましく、世の中忘るゝ心地ぞし給ふ」という一節がある。この場合の「かれ」は「父おとど」、すなわち光源氏をさしている。また「行幸《みゆき》」の巻に、「殿は御むすめまうけ給へるなり。あなめでたや。いかなる人、二方にもてなさるらむ。聞けばかれも劣腹《おとりばら》なり」とあり、ここでの「かれ」は「御むすめ」、すなわち玉鬘《たまかづら》という女性のことである。そのほか「帚木《ははきぎ》」の巻では頭中将《とうのちゆうじよう》が光源氏に向かって「それか、かれか」と尋ねており、今日の「それかあれか」の「あれ」にあたる非人称代名詞として「かれ」が使われている。英語でいえば、「he」「she」「it」の三語の用法を併せもっていたわけである。

このように「彼」は、男女ともども対象にして明治時代にいたっている。明治期に女性をさしている例をあげてみると、尾崎紅葉の『二《に》人《にん》女房』(明治二十四年)に、「扨爰《さてこゝ》に哀れを止《とど》めたのは渋谷夫人銀子で。彼《かれ》は尋常《なみ》ならぬ(むづかしや)の姑を持つてゐるが」と書かれた一節があり、ここでは「彼」が渋谷夫人銀子という女性をさしている。

江見水蔭《えみすいいん》の『女房殺し』(明治二十八年)には、「堅吉はお柳が悪《にく》くつて〳〵成らぬ。(略)如何《どう》も其離縁して、手放して、人手に彼《かれ》を渡す、仮令《たとえ》ば薄井の如き奴に渡す事が、如何《どう》も出来ぬのである。といふて、罪を犯した彼を矢張妻にして置く事は出来ぬのである」とあり、夫堅吉が妻お柳を「彼」といっている。

一方、「彼女」という語が現れるのは明治時代で、「かのじょ」と確実に読む例は、小説では坪内逍遥の『一読三歎 当世書生気質《かたぎ》』第二回（明治十八年）である。

此小娘は年の比《ころ》。まだ漸々《ようく》十四五と見ゆれど。頗るコマシヤクレタ質《たち》にて。（略）俗にいふお転婆なれども。彼女《かのじょ》は活発だ。などといつて。書生連によろこばるゝ小娘なり。其名をお豊といふ。

また、翻訳小説では、スコットの『アイバンホー』を訳した牛山鶴堂《うしやまかくどう》の『政治小説梅蕾余薫《ばいらいよくん》』（明治十九年）にみえる、「彼《か》の女《じょ》に限りて約束を故なく背くものならずハテ今までに来ぬと云ふは道にて変つた事のありしか」（第十八回）が最初である。

「かのじょ」のふりがなは明治十八年に現れたが、じつは「彼」と「女」を使った漢字表記は、すでに江戸時代にあった。そのもっとも早い例としては、ヘンデレッキ・ドウフや吉雄永保《よしおながやす》らが訳したオランダ語の辞書『道訳法児馬《ドゥーフハルマ》』（文化十二年）がある。

zij 彼女

zij is zeer schoon　彼女ハ甚ダ美シイ

しかし、これは写本で一般にみることはできなかった。知識人が目にすることができたオランダ語辞書は、桂川甫周《かつらがわほしゅう》が編集した『和蘭字彙』(安政二〜五年) だったが、これは『道訳法児馬』とまったく同じ訳語になっている。ところが、「彼女」の読み方がわからない。そこで、英和辞書の「he」「she」、さらに独和辞典、仏和辞典の訳語を調べてみた。

『英和対訳袖珍辞書』(文久二年)

He　彼カ《男ニ就テ言フ時用ユ》

She　彼レガ《女ニ附テ云》

Her　彼女ノ、彼女ヲ

『和英語林集成』(慶応三年)

He　Are; kare; ano h'to; ano okata; kono h'to; kono okata.

She　Ano onna; are.

『和訳英辞書（薩摩辞書）』（明治二年）
He 彼《カレ》ガ。彼ハ（男ニ就テ言ウ時用ユ）
She 彼《カ》レガ（女ニ附テ云）
Her 彼女《カノヲンナ》ノ。彼女ヲ
『附音挿図 英和字彙』（明治六年）
He 彼ガ。彼ハ。彼人《アノヒト》ガ（男性ノ語）
She 彼女《アノヲンナ》。女。雌
『仏語明要』（元治元年）
elle 彼
il 彼。其。人
『官許 仏和辞典』（明治四年）
Elle 彼女ハ。彼女ニ。夫
Il 彼。其
『孛和 袖珍字書』（明治五年）
er カレガ
sie アノ女。アナタ。カレラ

『独和字典』（明治六年）

Er　彼（男性一格ノ代名詞ナリ）

Sie　彼女《カノヲンナ》ガ。彼方《アナタ》ガ。彼方ヲ。彼等ガ

幕末から明治初期のいずれの辞典にも、「かのじょ」というふりがなはない。男女の区別をしないか、「彼」と「彼レ」で区別をし、彼女は「カノヲンナ」「アノヲンナ」と読んでいる。

最後に、東京大学の前身の一つ、大学南校の助教訳『格賢勃斯（クワッケンボス）英文典直訳』（明治三年）を調べてみたが、やはり「He 彼ガ She 彼ガ」となっていて区別していないのである。

一方、明治十九年以後の小説をみていくと、「彼女」にふりがながついた用例がいくつもある。

兎も角も彼女《あいつ》は才女だ。　（饗庭《あえば》篁村《こうそん》『当世商人気質《あきうどかたぎ》』明治十九年）

彼女《あれ》を見殺しになさる気か。　（幸田露伴『辻浄瑠璃』明治二十四年）

どうも彼女《あのをんな》がさ、尋常《たゞ》の鼠ぢやあんめえと睨むで置きましたが、

「只彼女《あれ》は然ういふ華奢な家庭にや不向だから、（略）」（泉鏡花『義血俠血』明治二十七年）

私は何故恁《こ》んなに彼女《あのひと》の事を思ふのだらう。（二葉亭四迷『其面影』明治三十九年）（白柳秀湖『駅夫日記』明治四十年）

「あいつ」「あれ」「あのをんな」「あのひと」など、さまざまあるが、「かのじょ」はなかなか見あたらない。それが「かのじょ」になるのは、何か別の理由があるのではないかと不思議に思っていたところ、惣郷正明《そうごうまさあき》氏から、『小学読本』の字引に「彼女《カノジョ》」の例のあることを教えられた。

『小学読本』は小学校教育が開始された明治六年に、『文部省編纂／小学読本 巻一／明治六年三月師範学校彫刻』（扉）で出された教科書だが、その巻之一第三回の冒頭に「彼女」がある。

彼女は、鳥を捕へて、鳥籠に入れたり、（略）○彼女は、鳥を入れたる、籠を持ちたり、然れども、彼女は、心を用ゐること、宜しからずして、鳥を養ふこと能はざるゆゑに、鳥は彼れが持つや否や、速やかに逃げ去りたり、これは田中義廉《よしかど》がアメリカの『ウィルソンズ・ファースト・リーダー』を翻訳して編集したものである。ここにもふりがなはない。しかし、この『小学読本』には、漢字の読み方と意味を説明した字引が多数残っている。「彼女」には「かのをんな」「かのむすめ」「かのじょ」「ひじょ」などのさまざまなふりがながあるが、「かのじょ」の最初のものが明治九年八月刊の『改正画引小学読本』にある「彼女《カノジヨ》　ムカウニキルムスメ」である（『明治のことば辞典』昭和六十一年　東京堂出版）。その後、山田忠雄《ただお》氏の紹介した字引を時代順にあげ、用例を調べてみた。

明治九年二月『小学読本字解』赤堀秀香　カノヂヨ
明治九年四月『小学読本字解』奥川留吉　ヒジヨ（右ルビ）／カノジヨ（左ルビ）／アノムスメ
明治九年十二月『小学読本字引』田中致知　カノジヨ／ムカウニキルムスメ
明治十二年一月『小学読本字引』藤谷伊兵衛　カノジヨ／ムカウニヰルムスメ（彼女）
明治十二年七月『小学読本字引』浜真砂　カノジヨ／アノヲンナ

明治十五年五月『小学読本字解』山中勘次郎　カノジョ／アソコニイルムスメ
明治十五年七月『小学読本字引』伊藤穎男　カノジョ／ムカウニヰルムスメ
明治十六年九月『小学読本字解』長瀬寛二　カノジョ／ムカフニヰルムスメ
明治十七年三月『小学読本字引』北川正兵衛　カノジョ／ムカウニヰルムスメ
明治十八年四月『小学読本字引大全』浅井洌　カノヂョ／カノヲナゴ
明治十九年五月『小学読本字解』山本桃三　カノジョ／ムカフノムスメ

このように、「彼女《カノジョ》」は自然と明治十八年の『当世書生気質』へと続くのである。「かのじょ」の読み方の起源は『小学読本』と、その字引にあるといってよいであろう。

ただし、この考えには山田忠雄氏の異論がある。「彼女」は章の冒頭にある。したがって三人称代名詞ならば、さす人名がない。だから「かのおんな」に解すべきだというのである。しかし、そのように解しても、「かの」の指示するものがないのは同じである。そこで、『ウィルソンズ・ファースト・リーダー』の「彼女は鳥を捕へて鳥籠に入れたり」の該当個所（WILLSON'S FIRST READER PART II. LESSON XII.）をみると、次のようになっている。

『小学読本』巻之一（図版は明治7年版）と、原本となった『ウィルソンズ・ファースト・リーダー』（ニューヨーク、ハーバー&ブラザーズ出版刊）の該当箇所。

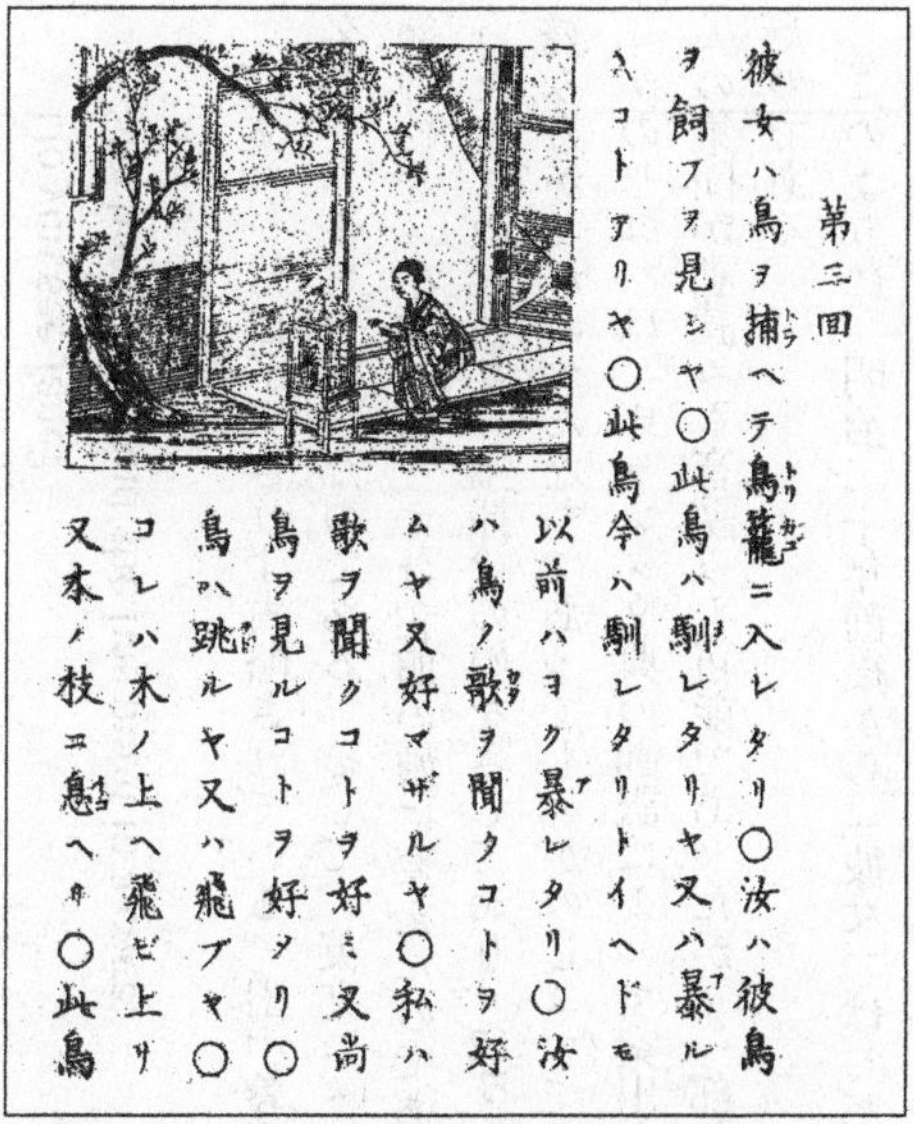

第三回

彼女ハ鳥ヲ捕《トラ》ヘテ鳥籠《トリカゴ》ニ入レタリ○汝ハ彼鳥ヲ飼フヲ見シヤ○此鳥ハ馴レタリヤ又ハ暴《ア》ルヽコトアリヤ○此鳥今ハ馴レタリトイヘドモ以前ハヨク暴《ア》レタリ○汝ハ鳥ノ歌《ウタ》ヲ聞クコトヲ好ムヤ又好マザルヤ○私ハ歌ヲ聞クコトヲ好ミ又尚鳥ヲ見ルコトヲ好タリ○鳥ハ跳《ヲド》ルヤ又ハ飛ブヤ○コレハ木ノ上ヘ飛ビ上リ又木ノ枝ニ憩《イコ》ヘリ○此鳥

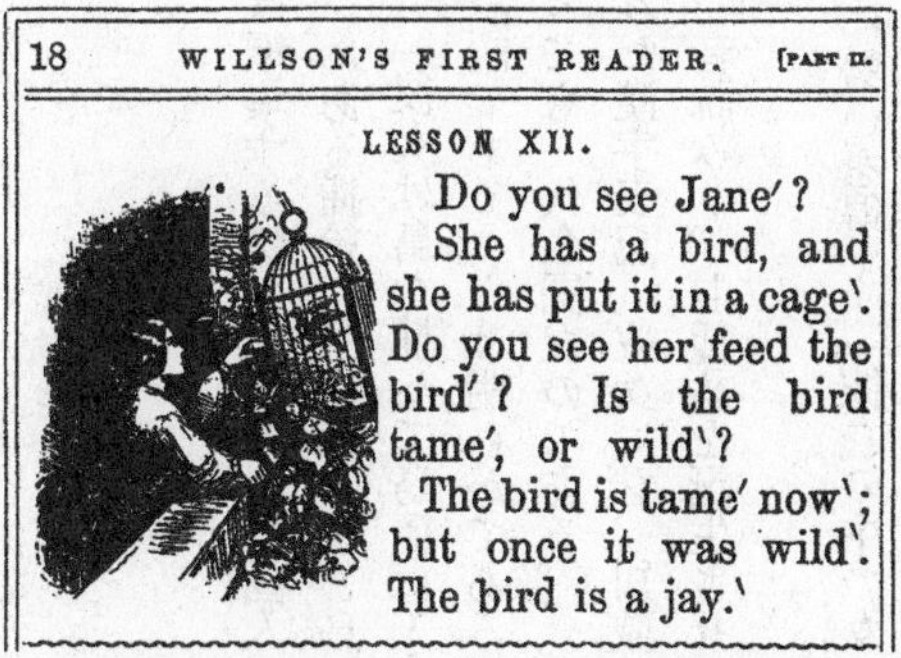

18 WILLSON'S FIRST READER. [PART II.

LESSON XII.

Do you see Jane′? She has a bird, and she has put it in a cage‵. Do you see her feed the bird′? Is the bird tame′, or wild‵?

The bird is tame′ now‵; but once it was wild‵. The bird is a jay.‵

Do you see Jane?
She has a bird, and she has put it in a cage.

英文の一行目が訳されず省略されている。田中義廉は編集する際に、訳文の外国人名のジェーンを除いたのである。そして、英文のページにある挿絵、外国人の娘と鳥籠の絵を『小学読本』では和服の娘に変えたのである。「彼女は鳥を捕へて鳥籠に入れたり」の「彼女」は挿絵の娘をさしており、Sheの訳語であることは明らかである。読み方が「かのおんな」であっても「かのじょ」であっても、代名詞なのである。「かのじょ」は、オランダ文典の翻訳によって案出された漢字表記「彼女」を、知識人の集団が訓読みも音読みも可能であったが、一部分を音読みし、混種語を誕生させたのである。

このように、明治二十年前後から「彼女」はしだいに勢いを得て、「彼」の中の女性をさし示す機能を受けもち、「彼」と「彼女」は一対になって普及していったが、今日のように使われるまでには、いくつかの難関を通りこさねばならなかった。『広辞苑』の編者で知られる新村出《しんむらいずる》博士も、昭和十八年に次のような趣旨の発言をしている。「彼、彼女は、純然たる直訳語として発生し、翻訳語としては許しえたが、実際の国語としてはどうも敬意を含みえない。ところが今日では、自分自身の親などをさすものがあるが、このように彼、彼女を跋扈《ばっこ》せしめるのは、国語の道のために採らない」(『国語の規準』)。

敬意のこもらない「彼」「彼女」ということばを目上に対して使うことには反対しているわけである。いまも年配者にはそういう語感がともなっているのだろうか。日本人の語意識が変わっていく、面白い問題が提示されている。

印象　　転用語

見合いや就職の面接の後でまず話題とされるのが印象のよしあしだろう。とくに第一印象は大切である。夏目漱石は、明治二十五年頃の京都の印象を、次のように記している。

始めて京都に来たのは十五六年前の昔である。（略）子規と共に京都の夜を見物に出たとき、始めて余の目に映ったのは此の赤いぜんざいの大提燈である。此の大提燈を見て、余は何故《なにゆゑ》か是れが京都だなと感じたぎり、明治四十年の今日に至る迄決して動かない。ぜんざいは京都で、京都はぜんざいであるとは余が当時に受けた第一印象で又最後の印象である。子規は死んだ。余はいまだに、ぜんざいを食ったことがない。

（『朝日新聞』「京に着ける夕」明治四十年）

この「印象」ということばは、生きた日本語を反映する『三省堂国語辞典』四版（平成四年）に、

いんしょう〔印象〕見たり聞いたりしたときに、心に（強く）受ける感じ。「――深い・――に残る・第一――」

と説明されている。ところが、八十五年前の金沢庄三郎《かなざわしょうざぶろう》編『辞林』（明治四十年）には二つの意味がある。

いんしやう《――ショウ》〔印象〕①物の面に印したる形跡。②〔心〕対象の意識せられたる状態。

②が今日の意味である。さらに八年さかのぼって、明治三十二年序のある『増補俚言《りげん》集覧』をみると、増補語に、

印象〔大集経〕に如三キ閻浮提ノ一切ノ衆生ノ身及ヒ与二ノ外色一大海中ニ皆有二印象一　象ハ形なり印ハ写すなりこゝの形がかしこに写さるゝを云

とあって、『辞林』の①の意味だけである。しかも、「印象」は見出しの配列順では「いんごり」と「いんさき」の間にあることから、象の呉音「ザウ」をとって「いんざう」と書き、「インゾー」と読まれたことがわかる。「いんぞう」から「いんしょう」へと「印象」の読み方が変わったのである。

中国で最大の漢語辞典『漢語大詞典』（一九八八年）で「印象」をひいてみると、『増補　俚言集覧』と同じ「大集経《だいじつきょう》」（隋の僧就の編）の例文が示されている。

〈大集経〉巻十五〈喩如閻浮提一切衆生身及余外色、如是等色、海中皆有印像。〉

一本作〈印象〉。

ここでは「印像」の字で、「印象」となっている別本もある。インドの須弥山《しゅみせん》の南方の海上にある島「閻浮提《えんぶだい》」には、島の中央に閻浮樹《えんぶじゅ》の森があり、諸仏が出現するといわれる。その森に住む生物、自然が海面にその姿を映しているという意味である。

この『漢語大詞典』には②として現代の「印象」の例もあるが、それは日中戦争を描いた曹禺《そうぐう》の『北京人』第一幕の例文で、ごく最近のものである。②の意味は中国では最近まで、ほとんど使われていなかったのであろう。

日本の古い例文をさがすと、江戸時代の文素編『其朝顔《そのあさがお》』（寛延三年序）の中に「印像の扇や娑婆に置流し」とある。これは『角川古語大辞典』（昭和五十七年）にみえる俳諧の例であるが、「印像」となっている。引用されている「大集経」の例文も「印像」である。見出し語は「いんざう」で、

いんぞう〔印像〕仏語。印（いん）を押したように、形がはっきりと現れること。

また、その形。

と説明している。この辞典にしたがうと、「印象」という語は江戸時代の末まで存在しなかったことになる。

一方、現代の日本語では、医学の世界で、それも歯科の分野で「印象」が「いんぞう」と読まれ使用されている。たとえば高久史麿《たかくふみまろ》監訳『メローニ　図解医学辞典』（昭和五十六年　南江堂）。

impression〔印象、痕跡〕圧力により、表面に残された跡あるいは影響。
complete denture i.〔総義歯印象〕総義歯を作るための、歯列弓の印象（型）。
dental i.〔歯印象（型）〕歯および口腔内の他の構造の陰型（ネガ）、プラスチックをかぶせて取りはずしたあと、この中に焼石膏を満たして正確な歯型をとる。
final i.〔最終印象〕歯科で歯型を作るための印象。（略）

なんだ、歯医者で歯型をとるときの、あの作業が「いんぞう」かと納得した。歯型をとること、形を写すことは、『増補 俚言集覧』と『辞林』の①の意味と同義である。

では「印象」と書き「いんしょう」と読むのはいつからなのだろうか。私の調べたところでは、明治七年三月刊の『明六雑誌』八号に掲載された箕作秋坪《みつくりしゅうへい》の「教育談」に「印象」が現れる。

夫小児ノ生レテ二三歳ヨリ六七歳ニ至ルマテ、其質タル純然無雑白玉ノ瑕無キカ

如ク、其脳中清潔ニシテ些ノ汚点ナシ、故ニ其耳目ノ触ル、所ノ者、善トナク悪トナク深ク脳ニ印象シテ終身消滅スル事ナシ

子供はその脳中が清潔で無色なので、なんでも脳内に形（＝象）を記憶（＝印）して一生忘れることがないと述べている。これは、物理的に型をとるとか、水面に形が映るとかいう意味ではない。何かを心に刻む、記憶するという意味である。

次に目に入るのが、明治十四年刊『哲学字彙』の「Impression 印象」である。この「印象」がどのような意味なのかが問題である。

日本最初の英和辞典『英和対訳袖珍辞書』（文久二年）をみると、

Impression　押シ込ム、感得、極印、考、説、版

とあり、『和英語林集成』（慶応三年）の英和の索引部には、

IMPRESSION, Ato; kata; shirushi.

とある。この三版にあたる『改正増補　英和和英　語林集成』（明治十九年）はどうか。

IMPRESSION, Ato, kata, shirushi, kokoro ni kanzuru koto —— of a seal, hangyō.

「心に感ずること」という新しい意味は増補されているが、「印象」の語はみえない。

「印象」の確実な例が出てくるのは、明治十八年刊の『英和双解字典』である。

Impression, the print of a stamp or seal; an edition of a book; image fixed in the mind 押着《アフチャク》。出板《シュツバン》。思慮《シリョ》。意思《イシ》。印判《インバン》。記号《キガウ》。印象《インシヨウ》

これはオースチン・ナットルの英語辞書を翻訳したもので、image fixed in the mind（心に強く受ける感じ）を「印象」と訳したことが確認でき、読みも「いんしょう」と確定できるのである。

雑誌の論説に「印象」が現れるのは明治二十五年頃で、『早稲田文学』誌上に次の

例がある。

一種の演劇的趣味を吾国人の頭脳に印象しつるが為、（「我優技」明治二十五年九月号）

演芸の目的を論じ（略）世間に其が形と其が印象とを示すにあり（「欧米演劇の傾向」明治二十五年十一月号）

而して理解力の与ふる概念はひとり能く此の箇々の印象を全体《フォール》に統括す。（「カントの美論」明治二十七年四月号）

初めの例は、「頭脳に記憶する」の意であり、後の二例は、「頭脳に焼きつけられたイメージ」の意味である。

文学作品にみえるのは明治三十年代で、国木田独歩が明治三十一年六月号の『国民之友』に発表した「死」の例が早い。

自分は富岡と交際して其生命ある一個の男を脳底深く印象してゐる。渠《かれ》の鮮血淋漓たる亡骸《なきがら》を視て又たこれを頭脳に刻み込むだ。其灰と白骨とを見て又たこれが

印象を頭に打ち込むだ。（六）

「脳底深く印象し」と「印象を頭に打ち込むだ」とは、ともに心に受けたイメージをさしており、今日の意味と同じである。

インプレッショニズム「印象主義」

Impression の訳語として「印象」が一般化し普及する過程には、日本芸術界における西洋化運動、インプレッショニズム（アンプレッショニスム）の紹介が不可分の関係にあった。森林太《りんた》郎《ろう》（鷗外）は明治二十二年十一月『文学評論　しがらみ草紙』二号に「現代諸家の小説論を読む」を発表し、フランスのエミール・ゾラの心理的分析を否定的に紹介した文の中で、「絵画にも『アンプレショニスト』（感銘派）といふ写生派あり」と書いている。そして明治二十八年十一月には、「感銘派」を「印象派」に変更している（「我国洋画の流派に就きて」）。

明治二十六年にフランスから帰朝した黒田清輝が、明治二十八年の第四回内国勧業博覧会に出品した「朝妝《ちょうしょう》」をめぐって、美術界、文壇のアンプレッショニスム論が盛

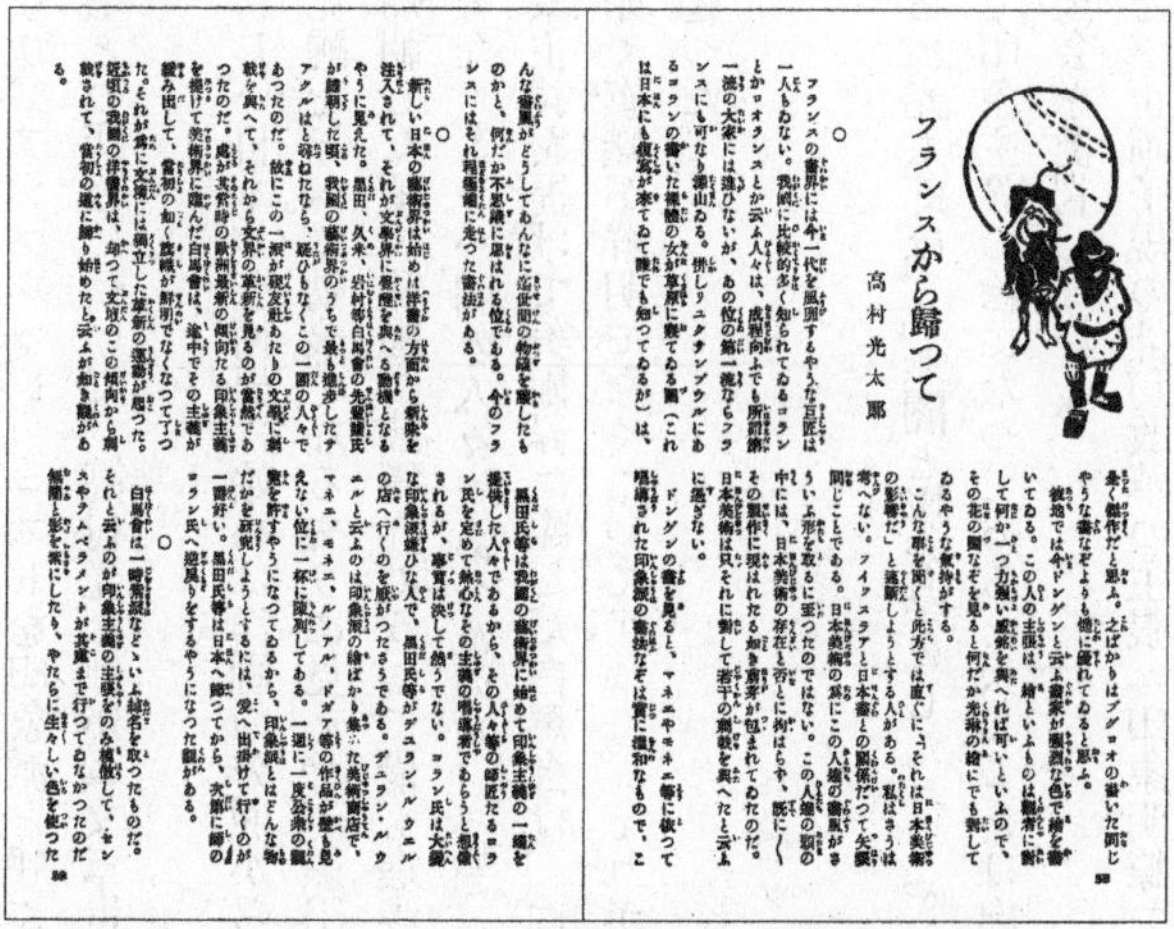

フランスから歸つて

高村光太郎

○

フランスの畫界には今一代を風靡するやうな巨匠は一人もゐない。我國に比較的多く知られてゐるコランとかロオランスとか云ふ人々は、我國向ふでも所謂第一流の大家には違ひないが、あの位の第一流ならフランスにも可なり澤山ゐる。併しリユクサンブウルにゐるコランの畫いた裸體の女が草原に寢てゐる圖（これは日本にも複寫が來てゐて誰でも知つてゐるが）は、毫く傑作だと思ふ。之ばかりはブグロオの畫いた同じやうな畫なぞよりも遙に優れてゐると思ふ。

彼地では今ドングンと云ふ畫家が強烈な色で繪を畫いてゐる。この人の主張は、繪といふものは觀者に對して何か一つ力強い感銘を與へれば可いといふので、その花の圖なぞを見ると何だか光琳の繪にでも對してゐるやうな氣持がする。

こんな事を聞くと此方では直ぐに、「それは日本美術の影響だ」と速斷しようとする人がある。私はさうは考へない。フイツスラアと日本畫との關係だつて矢張同じことである。日本美術の爲にこの人達の畫風がさういふ形を取るに至つたのではない。この人達の頭の中には、日本美術の存在と否とに拘はらず、既に〳〵その製作に現はれたる如き萌芽が包まれてゐたのだ。日本美術は只それに對して若干の刺戟を與へたと云ふに過ぎない。

ドングンの畫を見ると、マネエやモネエ等に依つて唱導された印象派の畫法なぞは實に温和なもので、こんな畫風がどうしてあんなに當世間の物議を釀したものかと、何だか不思議に思はれる位である。今のフランスにはそれ程極端に走つた畫法がある。

○

新しい日本の藝術界は始めは洋畫の方面から新味を注入されて、それが文學界に發達を與へる動機となるやうに見えた。黑田、久米、岩村等白馬會の先覺諸氏が歸朝した頃、我國の藝術界のうちで最も進歩したサアクルは何と尋ねたなら、疑ひもなくこの一團の人々であつたのだ。故にこの一派が硯友社あたりの文學に刺戟を與へて、それから文界の革新を見るのが當然であつたのだ。處が其當時の歐洲最新の傾向たる印象主義を掲げて美術界に臨んだ白馬會は、途中でその主義が縮み出して、當初の如く旗幟が鮮明でなくなつて了つた。それが爲に文壇には獨立した革新の運動が起つた。近頃の我國の洋畫界は、却つて文壇のこの傾向から刺戟されて、當初の道に歸り始めたと云ふが如き觀がある。

黑田氏等は我國の藝術界に始めて印象主義の一端を提供した人々であるから、その人々等の師匠たるコラン氏を定めて熱心なその主義の唱導者であらうと想像されるが、事實は決して然うでない。コラン氏は大變な印象派嫌ひな人で、黑田氏等がデユラン・ルウエルの店へ行くのを厭がつたさうである。デユラン・ルウエルと云ふのは印象派の繪ばかり集めた美術商店で、マネエ、モネエ、ルノアル、ドガア等の作品が壁も見えない位に一杯に陳列してある。一週に一度公衆の觀覽を許すやうになつてゐるから、印象派とはどんな物だかを研究しようとするには、爰へ出掛けて行くのが一番好い。黑田氏等は日本へ歸つてから、次第に師のコラン氏へ逆戻りをするやうになつた觀がある。

○

白馬會は一時紫派などゝいふ綽名を取つたものだ。それと云ふのが印象主義の主張をのみ模倣して、センスやテムペラメントが其處まで行つてゐなかつたのだ。無闇と影を紫にしたり、やたらに生々しい色を使つた

明治43年『文章世界』３月号、高村光太郎「フランスから帰つて」。印象主義の画家として黒田清輝、マネ、モネ、ルノアール、ドガらの名前があげられている。

んになり、アンプレッショニストを印象派と呼ぶようになった。そして、この美術界と文壇との関係について、高村光太郎が『文章世界』に興味深い事実を語っている。

新しい日本の芸術界は始めは洋画の方面から新味を注入されて、それが文学界に覚醒を与へる動機となるやうに見えた。黒田、久米、岩村等白馬会《はくばくわい》の先輩諸氏が帰朝した頃、我国の芸術界のうちで最も進歩したサアクルはと尋ねたなら、疑ひもなくこの一団の人々であつたのだ。（略）処が其当時の欧洲最新の傾向たる印象主義を提《ひつさ》げて美術界に臨んだ白馬会は、途中でその主義が緩《ゆる》み出して、当初の如く旗幟《きし》が鮮明でなくなつて了《しま》つた。それが為に文壇には独立した革新の運動が起つた。

（「フランスから帰って」明治四十三年三月）

さらに光太郎は、「無闇と影を紫にしたり、やたらに生々しい色を使ったからとて、それで印象主義の絵になつてゐると云ふことは出来ない」とつづけ、紫派とも呼ばれた白馬会を批判している。

一方、正岡子規の俳句改革の主張「印象明瞭」にはじまる文壇の印象主義論は、明治四十一年から四十二年にかけて活発になり、「印象」ということばは大いに流行した。詩人上田敏《びん》の「創作は表現である。印象に対する表現である」(『創作』大正三年)は、文学界における「印象」の重要性を端的に示している。

恋　愛

借用語

「恋愛結婚ですか、お見合い結婚ですか」と聞かれて「恋愛です」と答えるのに、何となく気恥ずかしいと感じる方がいるかもしれない。世代によるだろうが、明治・大正生まれの人はとくにそう感じるのではないだろうか。

結婚相手は親が決めるしきたりであった江戸時代から、西洋化へ歩み出した日本人の生活習慣の中で、結婚の自由こそ近代化のシンボルだった。その時代の先端にいた詩人北村透谷《とうこく》は、恋愛なしに人生は論じられない、恋愛してこそ人生がある、思想を高潔にすることができると高らかに宣言した。

恋愛は人生の秘鑰《ひやく》なり、恋愛ありて後人生あり、恋愛を抽き去りたらむには人生何の色味かあらむ、（略）思想と恋愛とは仇讐《きゅうしゅう》なるか、安《いづく》んぞ知らむ恋愛は思想を高潔ならしむる嬭母《じぼ》なるを。（「厭世詩家と女性」）

この恋愛至上主義ともいうべき考え方は、巌本善治《いわもとよしはる》の編集する雑誌『女学雑誌』三〇三号（明治二十五年）に発表された。小説家の木下尚江《なおえ》は大砲を撃ち込まれたような衝撃を受けたといい、島崎藤村は身体のうちから震えてくるような感動で読んだという。その影響の大きさが知られるであろう。

恋愛について、考えをさらに深めたのは哲学者の阿部次郎《あべじろう》である。彼は『三太郎《さんたろう》の日記』（大正三年）にこう記した。

私達は恋愛によつて「成長」する。恋は成つても破れても、兎に角恋愛によつて成長する。併し成長する為に、恋するのは、恋愛ではなくて恋愛の実験《エキスペリメント》である。成長の目的が意識にある限り、その恋愛の経験は根柢に徹することが出来ない。成長も破滅も此恋に代へられなくなる時に、恋愛は始めて身に泌みる経験となる。さうしてその恋の結果として私達は成長するのである。

（『個性、芸術、自然』）

成長するために恋するのは恋愛の実験であり、成長も破滅もこの恋に代えられなくなる時に恋愛ははじめて身に沁みる経験となるという指摘には、身につまされる方もいるだろう。

ところで「恋愛」ということばを最初に使用した日本人は中村正直《まさなお》であろう。彼がサミュエル・スマイルズ著の『Self-Help』を翻訳した『西国《さいごく》立志編』第二編十二話（明治四年）の主人公・維廉李（ウイリアム・リー）が失恋する場面に出てくる。

李《リイ》嘗テ村中ノ少女ヲ見テ、深ク恋愛シ、ソノ家ニ往キタルニ、少女常ニ襪《ベツ》《タビ》ヲ織リ、
李《リイ》ヲ待遇スルコト簡慢《オロソカ》ナリケレバ、（略）

この恋愛する部分の原文は、「The curate is said to have fallen deeply in love with a young lady of the village…」とあり、「恋愛し」の部分は fall in love である。

「恋愛」を二番目に使用するのが加藤弘之《ひろゆき》で、『明六雑誌』一三号（明治七年）に掲載された「米国政教」にみえる。これも翻訳で、アメリカには「人身自由権」という権利があって、「夫婦共時々恋愛スル所ノ変スルニ随テ縦ニ配偶ヲ改ムルヲ以テ真ノ自由トナセル一党アリ」と紹介し、それを主張するのは「自由恋愛党」というグループだと述べている。

　また、中村正直は明治十一年から十三年にかけて『西洋品行論』（サミュエル・スマイルズ原著）を翻訳し、その第十一編で「男女恋愛ノ事ヲ論ズ」「恋愛ノ情ハ品行ヲ善クス」などと西洋の恋愛を紹介している。そしてイギリスでも世間では、「男女恋愛ノ情トイフ事ヲ。世俗之レヲ以テ痴愚トナス。然リト雖ドモ。男女恋愛ノ情。苟モ。清潔高尚ニシテ自《ミズカ》ラ私《ワタクシ》スル心ナキニ根ザシテ発出スル」のだという。また「サレド人ニコノ恋愛《レンアイ》ノ情アルコトハ」のようにふりがなのついた例もある。

　恋愛の概念は、イギリスやアメリカから導入されたといってよいであろう。そして、「恋愛」を普及させたのが、明治十八年創刊の『女学雑誌』であった。その主要な執筆者が透谷や藤村たちであり、キリスト教の信仰にもとづく自由主義的理想教育、女性の知識向上をめざしていた。「れんあい」というふりがなのついた用例がここに出現するのは、明治二十一年の『女学雑誌』一〇九号に発表された、平野はま子の「ジヨウジ、エリオット女子小伝」の「アイ、ダブリユー、クロッス氏との間に冬籠りせし恋愛《れんあい》の花は今を春辺と咲初て」である。同年九月十五日の一二七号には「恋愛の徳」がのっている。

　　恋愛《れんあい》の徳大なる哉。吾人《われ〳〵》もしスカットならば斯くぞ咏《うた》はん、（略）

恋愛《れんあい》は陣所にも宮室にも森かげにも
下界の人また天上の天使にも住《すま》はん
恋愛《れんあい》は即はち天天は即はち恋愛《れんあい》なり。

「恋愛は即ち天、天は即ち恋愛」とまでくると、最初に紹介した北村透谷の「厭世詩家と女性」(明治二十五年)の恋愛至上主義は、この延長線上にあることがみえてくるのである。

しかし、恋愛は高尚だと、これほど主張する必要があったのは、世間の風潮がそうではなかったからである。明治二十二年の『女学雑誌』一五〇号の誌上でも、「小説戯作には尚ほ下等なる恋愛《れんあい》を記るして才筆と心得るものあり」(「姦淫の空気、不純潔の空気」)という意見のあることから察せられよう。

恋愛は女学生の愛用語

辞典に「れんあい」が登録されるのはいつかさがしてみよう。国語辞典では明治四十年刊の『辞林』が早い。

れんあい〔恋愛〕男女の間のこひしたふ愛情。こひ。

次に和英辞典をさがしてみよう。

Ren-ai 恋愛 Love, attachment, tender passion, amour, adoration.
—— shōsetsu —小説 Erotic novel. (『新和英辞典』明治三十五年)

Ren-ai〔恋愛〕Love; attachment; amour [-moor]; adoration;
—— shōsetsu (恋愛小説) Erotic novel. (『新式 日英辞典』明治三十八年)

Ren-ai〔恋愛〕Love; amour この小説は清浄なる恋愛が描いてある。This novel depicts a refined [pure] love. → 恋愛小説 a love-story; an erotic [a love] novel. (『新訳 和英辞典』明治四十二年)

『新訳 和英辞典』には例文に「清浄なる恋愛」が出てくる。恋愛は不潔ではないのである。そしていずれの辞典も、「love」が一番目の訳語になっている。

そこで英和辞典で love をひいてみると『新訳 英和辞典』(明治三十五年)に、

Love, n. ①愛②恋（略）── v.t. ①愛ス、寵ス②恋愛ス③好ム、嗜ム（略）

とあり、動詞に「恋愛ス」が現れる。名詞の恋愛をさがすと、明治四十五年刊の『詳解 英和辞典』に、

love I n. ①愛（例略）②恋愛〔例 to marry for ～〕③愛人 恋人 情婦 ④色情 ⑤〔L.〕愛ノ神。── II vt. ①愛スル（略）

と登録されていて、恋愛＝love が一般化していくのである。

このように「恋愛」ということばは翻訳書に使用され紹介されてから、『女学雑誌』を中心に活躍した人々によって普及し、明治三十五年頃から辞典に登録されはじめ、love の訳語として定着していったことが明らかである。

ところで、love の訳語「恋愛」は、すんなり決まったのであろうか。坪内逍遥の『一読三歎 当世書生気質』（明治十八年）をみると、君の旧ラーブ［情婦《いろをんな》］、君のラーブ［意中人《いろ》］、一旦ラアブ［愛］した位なら、小町田のラアブ［恋着《れんちゃく》］して居た、

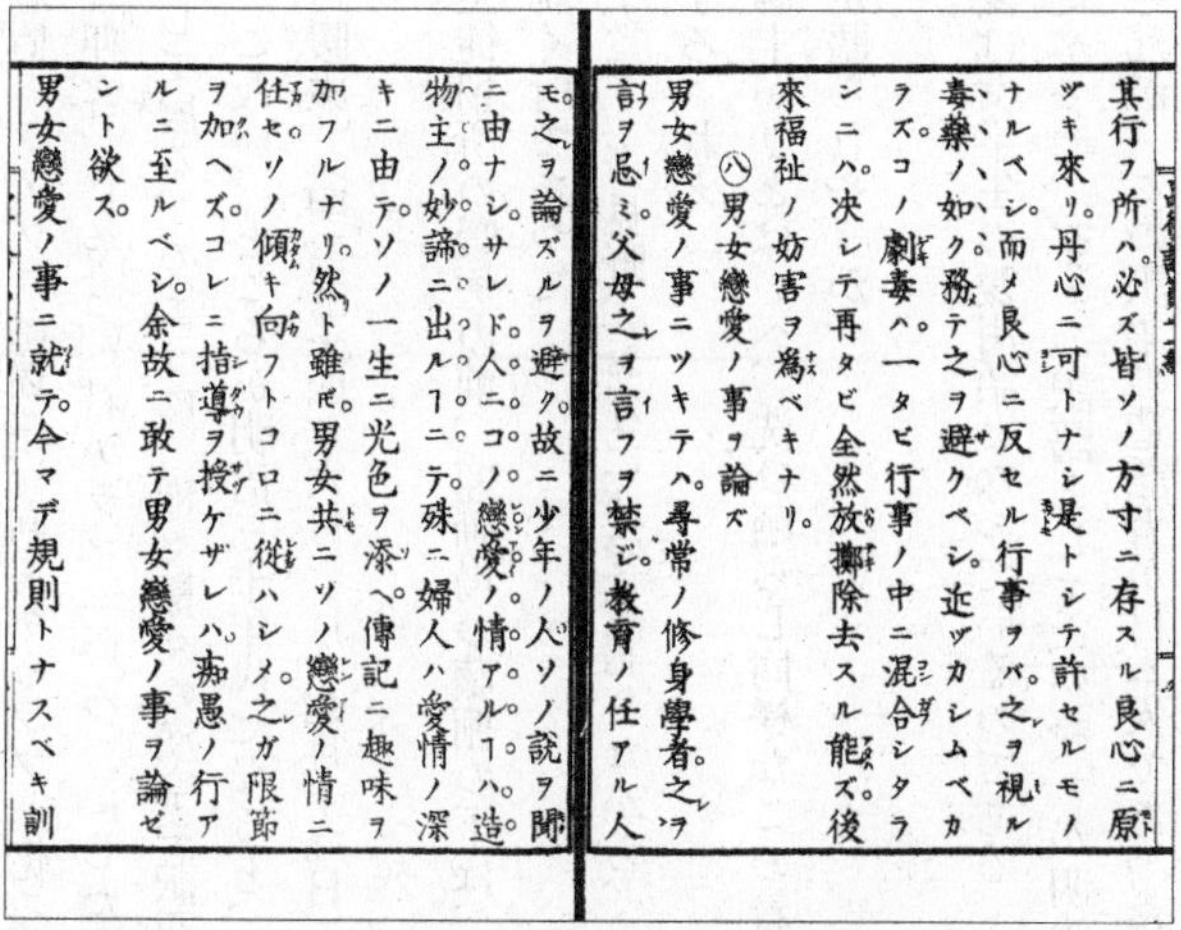

其行フ所ハ。必ズ皆ソノ方寸ニ存スル良心ニ原《モト》ヅキ來リ。丹心ニ可トナシ是《ヨシ》トシテ許セルモノナルベシ。而メ良心ニ反セル行事ヲバ。之ヲ視《ミ》ル毒藥ノ如ク。務テ之ヲ避《サ》クベシ。近ヅカシムベカラズ。コノ劇《ゲキ》毒ハ。一タビ行事ノ中ニ混《コン》合《ガフ》シタランニハ。決シテ再タビ全然放擲除去スル能《アタハ》ズ。後來福祉ノ妨害ヲ為《ナス》ベキナリ。

(八)男女戀愛ノ事ヲ論ズ

男女戀愛ノ事ニツキテハ。尋常ノ修身學者。之ヲ言ヲ忌ミ。父母之ヲ言フヲ禁ジ。教育ノ任アル人モ。之ヲ論ズルヲ避ク。故ニ少年ノ人ソノ說ヲ聞ニ由ナシ。サレド。人ニ。コノ。戀愛ノ。情。アル。ヿハ。造物主ノ。妙諦。ニ。出ル。ヿニ。テ。殊ニ婦人ハ愛情ノ深キニ由テ。ソノ一生ニ光色ヲ添《ソ》ヘ。傳記ニ趣味ヲ加フルナリ。然ト雖モ。男女共《トモ》ニソノ戀《レン》愛ノ情ニ任《マカ》セ。ソノ傾キ向フトコロニ從ハシメ。之ガ限節ヲ加《クハ》ヘズ。コレニ指導ヲ授ケザレバ。痴愚ノ行アルニ至ルベシ。余故ニ敢テ男女戀愛ノ事ヲ論ゼント欲ス。

男女戀愛ノ事ニ就テ。今マデ規則トナスベキ訓

中村正直はスマイルズの著作を翻訳した『西洋品行論』（明治11〜13年）のなかで、西洋における恋愛の概念を紹介した。

所謂恋情《こひ》［ラアブ］に迷ふ、向ふからラブ［惚る《ほれ》］してくれば、シンガア［芸妓］のラブ［狎客《なじみ》］じやと、君がラブ［いろ］にしたんか、来歴のあるラブ［恋］、ラブ［愛］して居《ゐ》る、のように、種々様々の漢字や訳語が使用されている。しかし「恋愛」は出てこない。ところが明治三十年代になると、『読売新聞』に連載された山岸荷葉《かよう》の「紺暖簾《こんのれん》」（明治三十四年六月一日〜九月十九日）に盛んに出てくる。

生徒扣所《ひかへじょ》の暖炉の前、運動場の藤棚の下は、所謂『恋愛《ラヴ》』とか、『良人《ハズバンド》』とかを説く所であつて、

「みす　十見野、お互に恋愛《ラヴ》を語りながら、りたあん　あわあ　おゝんはうす、すろぉれえ。」

湯上がりとはいへ、洗ひ晒らし同様なこの着物、帯も不断の形装《なり》でどうして恋愛《ラヴ》が語られやうか

恋愛は女学生の愛用語となっているのである。

したがって、love の訳語として「恋愛」が明治時代に普及し定着したことは確かなことだが、この訳語の造語者が日本人であったかというと問題がある。

中村正直が日本人では最初の使用者であるが、中村正直が翻訳に利用した英華辞典の中に「love 恋愛」があり、中村自身が校正した『英華和訳字典』（明治十二年）にもみえる。

love v.t.（略）to love tenderly, as a mother a child, 慈、痛惜、痛愛、疼愛、慈幼、恋愛、字 ジアイスル ji-ai suru, イツクシム itsukushimu

この原著は香港で版行されたロブシャイドの『英華字典』（一八六六～六九年）であって、同じ訳語が存在する。つまり、中国に渡った宣教師が編集した英華辞典の love の中国語訳から、日本人は「恋愛」を採用したのである。

新婚旅行

恋愛結婚にしろお見合いにしろ、めでたく婚約が成立すると、さっそく式場の予約と新婚旅行の計画に入るのが、今日一般のなりゆきであろう。結婚式と披露宴がすんで、新婚旅行に出かける若いカップルを駅のホームや空港で見送ったり、また見送られた経験をおもちの方も多いことだろう。

この新婚旅行という行事は、英語 honey-moon とともに移入され、「新婚旅行」という単語は明治時代に誕生したのである。

小説に、はじめてこの行事が登場するのは、明治十二年のことで、翻訳小説『欧洲奇事 花柳春話』に「クレーブランド曰ク、然ラバ子歓娯月《ホ子ームウン》（略）ヲ龍動ニ消《セウ》ズルヤ。曰ク然リ」と出てくる。これは、主人公マルツラバースとアリスとの新婚旅行の行先をクレーブランドが聞いた場面でマルツラバースが「ロンドンで過す」と答えている。

この小説はイギリスの政治家であり小説家であるロード・リトン原作の『Ernest

Maltraverse』とその続編『Alice』を丹羽純一郎が翻訳したもので、「歓娯月」の下には訳者の注がついている。

訳者云ク、英国ノ風俗《フウゾク》夫婦婚礼終《ヲハリ》テ、或ハ外国又ハ他所ニ往キ、一二月ヲ歓娯《クワンゴ》ノ中《ウチ》ニ送ルヲ以テ例《レイ》ト為ス。之ヲ名ヅケテ（ホ子ームウン）ト云フ。

新婚旅行の紹介は、これが最初ではないかと思う。この『花柳春話』は、訳者が英国の風俗を日本人に紹介する目的で翻訳したもので、坪内逍遥が『新磨　妹と背かゞみ』の中で「英の小説の大家としられれし。ロード笠頓《りつとん》がものせられし『マルトラバアス』といふ稗史にぞありける」と記したほど、多くの人に読まれた。その影響は、『文学界』八号「気運已むべからず」（明治二十六年八月）に風潭坊が指摘した、森鷗外の『舞姫』への感化からも知られよう。そこには、「ギヨーテが『マイステル』より脱化したりといふリツトンが『マルトラバー』のアリスと、鷗外が舞姫のエリスと可憐の風情何ぞそれ相似たるの甚しき、ともにこれセンテイメンタルの独逸想なればなり、鷗外は宛然独逸想なり」と記されている。

次に「ホネー・ムーン」がみえるのは、坂本龍馬の伝記を小説化した坂崎紫瀾《しらん》の

「汗血千里駒《かんけつせんりのこま》」（『土陽新聞』明治十六年一月二十四日〜九月二十七日）である。龍馬が鞆子と結婚し、そのまま京都に妻をおいて、小松帯刀、西郷隆盛らと西下する予定のところ、妻がどうしても一緒に同行するといってきかない場面である。

龍馬も遂に鞆子《ともこ》の望のまゝに任する事となりて、其母にも暫しの別をつげさせて都を跡に舟出したるは、自《おのづか》と彼の西洋人が新婚の時には、「ホネー、ムーン」と呼びなして、花婿花嫁互ひに手を取りて伊太利《いたり》等の山水に逍遥するに叶《かな》ひたりとや謂《い》はん。（三十四回）

この旅は、新婚旅行として計画されたものではなかったが、結果的には西洋人の「ホネー、ムーン」に譬えることができると、坂崎紫瀾が評したのである。

では、新婚旅行が日本ではじまるのはいつか。西洋化の代表的行事とみなされ実行されたのは、明治二十年頃らしい。『社会進出　欧洲之風俗』（佐藤雄治　明治二十年）には「新婚旅」とあり、「花嫁花婿は予《か》ねて用意の車に同乗して新婚旅を為す、之をハーニームーンと云ふ、近来は日本にも此新婚旅を学ふ者往々あり」と説明されている。

秋晴ノ逍歩マルツラバース舊知ニ邂逅スルノ圖

好ミ且ツ御《ギョ》法《ハウ》ニ巧ミナレハ今此女ヲ視《ミ》テ大ニ愛《アイ》シ且ツ驚《オドロ》ケリ騎隊已ニ過キントスルトキマルツラバース眸ヲ一女ニ注《ソヽ》キ心窃《ヒソカ》ニ疑《ウタガフ》ラク余此女ハ何等ノ人タルヲ知ラスト雖ヒ一女ノ容《ヨウ》貌《バウ》嘗テ相《アヒ》知ル者ノ如シト未タ思ヒ終《ヲハ》ラサルニ其女馬《バ》首《シユ》ヲ進《スヽ》メテマルツラバースノ傍《カタハ》ラニ来リ呼ンテ曰ク君ハマルツラバース君ニ非スヤト面《メン》帽《ボウ》ヲ脱《ダツ》スレハ是レベンタドアナリ此時一男、馬ヲ回《メグ》ラシ来リベンタドアニ問フテ曰ク此人、君ノ知己《チキ》タラハ請フ僕ヲシテ紹介《セウカイ》セシメヨン、タドア一顧《コ》シテ曰ク妾《セフ》、君ニ一秀才《シユウサイ》ヲ紹介セントマルツラバースニ謂テ曰ク此レハ是レ妾カ友人ドニングデイル侯《コウ》ナリ妾頃日《コノゴロ》侯ノ家ニ客《カク》トナリ居ルヿ已ニ一週間、幸ヒニシテ君ニ侯ヲ紹介スルヲ得タリ請フ以後深シ交際アラン

丹羽純一郎訳『欧洲奇事　花柳春話』（明治11〜12年）。

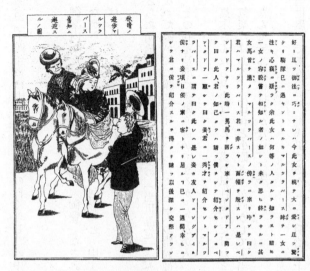

いう。
明治二十四年には山田美妙《びみよう》が『雨の日ぐらし』の中で、ハネムーンは洒落《しやれ》ていると

御案内　ならいたし　ましよ。／御覧　なされる　この　もの　は／恥かし
ながら　わたくしの／妻　の　阿蝶《おてふ》　と　申すもの、／きのふ　婚礼　した
ばかり、／洒落《しやれ》て　今日《こんにち》　甘露月《はねむウん》

さらに明治二十五年には堺利彦《さかいとしひこ》の「当世品定」（『なにはがた』一八号）に、二十歳になった娘が父に嫁にいけといわれて、三人の婿候補を比べて品定めをする場面がある。その判定基準に新婚旅行ができるかどうかが入っている。

高木さんならお金はあるしあの気性も好《すき》だけれど、安田さんなら面白いは面白い、
気楽にはある、だけれど小原さんが何うしても当世だ、外の人では一寸新婚旅行《ハネームーン》
なんて云ふ訳には行かない、（略）

「当世風」であること、現代風であることが明治二十年代には教育ある女性の憧れで

あり、「新婚旅行」がその象徴であった。

これまで引用した例からもわかるように、英語 honey-moon の発音は［hʌ́nimu:n］であって、ハニームーンとなりそうであるが、最初に出てくるのはホネームウンである。ホ系とハ系に分けて、用例と作品を紹介しよう。

［ホ系］

歓娯月《ほ子ームウン》／ホ子ームウン　（丹羽純一郎訳『欧洲奇事　花柳春話』附録　明治十二年）

ホネー、ムーン　（「汗血千里駒」明治十六年）

蜜乳月《ホニームーン》　（『国民之友』五五号　明治二十二年）

結婚旅行《ホニームーン》　（『国民之友』八五号　明治二十四年）

蜜月《ほ子ームーン》　（『都の花』七〇号　明治二十四年）

ホネームーン　（巌谷小波『すみれ日記』明治二十八年）

ホネイムウン　（尾崎紅葉「反古裂織」明治三十二年）

［ハ系］

ハーニームーン　（佐藤雄治『社会進出　欧洲之風俗』明治二十年）

甘月遊《ハ子ームーン》　（『女学雑誌』一〇一号　明治二十一年）

甘露月《はねむウん》　（山田美妙『雨の日ぐらし』明治二十四年）
新婚旅行《ハネームーン》　（堺利彦「当世品定」明治二十五年）
初契月《ハ子ームーン》　（川上眉山「蔦紅葉」明治二十五年）
蜜月《ハネイムーン》　（内田魯庵『くれの二十八日』明治三十一年）
ハニームーン　（今村敬夫　詩集『短笛長鞭』明治三十四年）

今日では「ハネムーン」が一般的だが、日本人が英語を学習しはじめた明治前期はすべてホネームーンであって、明治二十年からハネムーン、ホニームーン、ハニームーンが登場してくる。英語の綴りhoney-moonのhoの読みにひかれたのであろう。

また、訳語としてあてられた漢字も、甘い感じを表す「甘月遊」「甘露月」「蜜月」「蜜乳月」、二人の契りをしめす「初契月」、端的に語る「結婚旅行」「新婚旅行」など、honey-moonの雰囲気を表現する楽しい表記が工夫されている。

新婚旅行に憧れる若者たち

では「しんこんりょかう」とふりがなをふった「新婚旅行」が出現するのはいつか。

これまでの調べでは、明治二十四年に刊行された雑誌『都の花』七〇号の「蛇いちご」が最初である。

興利銀行の頭取刀賀根《とがね》米男《よねお》（略）お松が容色の勝れたるに打込みて始めは外妾《ぐわいせう》とし後には我家に入れて本妻としたるが其の新婚旅行《しんこんりよかう》の際《さい》右《みぎ》の偽造の件発露して伊《い》香保《かほ》の湯場《ゆば》にて召捕《めしと》られぬ、（略）

「しかま」という匿名の作者の小説であるが、「初い〳〵しき花婿花嫁、互ひに物言ひ言はるゝが未だ羞かしとの折にこそ新婚《しんこん》の旅行《りよかう》も興がるものなれ」、「新婚《しんこん》にハ旅行《りよかう》が附《つ》きもの、紳士と呼バるゝ程の者、蜜月《ホ子ームーン》の儀式践《ふ》まざるべからず、三日三夜《みつかみや》の披露の宴終りし後は早や〳〵伊香保にと」のように、「新婚の旅行」、「蜜月《ホ子ームーン》」とも書かれている。いずれにしても、紳士の結婚にはつきものとされたことがわかる。

次に「新婚旅行《しんこんりよかう》」が現れるのは、大塚楠緒《くすお》子《こ》の「空薫《そらだき》」（明治四十一年）である。

『広林の未亡人様《おくさま》、まあ、此方《こちら》へいらっしって御覧あそばせ、』と、伊予は先に立って庫子《くらこ》を案内する、夫婦が新婚旅行《しんこんりよかう》に立ってから五日目である、暫らく来なか

つた庫子が来たので、今度雛江《ひなえ》の居間と定めた二間《ふたま》の飾り付けを見せやうと為《す》るのである、(略)

「空薫」は『東京朝日新聞』に連載されたので、多くの読者の目にとまったであろう。

また、新聞『日本』に明治四十年十一月から連載された小栗風葉《おぐりふうよう》の「恋ざめ」にも、「今頃は大方《おほかた》新婚旅行の夢でも見て居《ゐ》るんだらう!」とみえることから、新婚旅行は明治後期の恋愛小説には不可欠な要素となっていたようである。

なお、新婚旅行が国語辞典の見出しに登録されたのは、『辞林』(明治四十年)、『大増訂　ことばの泉　補遺』(明治四十一年)、『大辞典』(明治四十五年)が早い。

では、どうしてこんなに明治の若者は、新婚旅行に憧れたのだろう。当時の日本では、婚姻の当夜初めて相手となる人に接するということもめずらしくなく、当然、かねて仲人から聞いていた話と相違することも多かった。

『女学雑誌』一〇一号の社説「日本の家族」には、「写真の一葉、親睦会の一見、鹿鳴館踏舞の一《ひと》をどりによって直ちに心中相許す」という明治の新しい風俗が紹介されている。しかし若い人たちが、「母親の撰定《えりさだめ》を以て束縛婚姻《むりこんえん》の骨髄」であり、「鼻に迷ひ眼つきを慕い愛慕情慾の奴隷《やっこ》たるを以て自由結婚《じゆうけっこん》の神髄」なれば、「卒然《にわか》として婚姻して飄々《うかく》熱海箱根に甘月遊《ハネームーン》を為さば是れ西洋主義の結婚なり」と考える風潮に対しては、慎重になるべきと論じている。

家庭

転用語

新婚旅行から帰ると、新家庭の実質的な生活がはじまる。家庭は二人でつくるものであり、そこには夢と希望と、現実が待っている。

「家庭」という単語は、中国に昔からあり、『広漢和辞典』（昭和五十六～五十七年大修館書店）には、四つの意味が記されている。

①家の庭　②いえ。家族が生活している所。③家族の生活のさま。④夫婦を中心とした家族の生活体。ホーム。

そして、①と②には中国古典の用例が引用されている。

①家の庭〔宋史、章得象伝〕及《ビ》レ生《ルルニ》父《ノ》奐復《タ》夢《ム》二家庭《ニ》積《ムコト》レ笏《ヲ》如《キヲ》レ山《ノ》。

②いえ〔後漢書、鄭均伝〕常ニ称二シテ疾ヲ家庭一ニ、不レ応二ゼ州郡ノ辟召一ニ。

③④の意味には中国での用例がないので、日本製の意味と考えられる。

日本の「家庭」を調べると、江戸時代（天明六年）に出版された『家庭指南』（綾部絅斎）という教訓書がある。その跋に大阪懐徳堂《かいとくどう》の中井竹山《ちくざん》が「今知其有資於家庭陶鎔也」と安永九年に記している。「家庭の陶鎔に資あり」とは何を意味しているのであろうか。新村出博士は「家庭といふ語」（『岡倉先生記念論文集』昭和三年十二月）の中で、以下のように指摘されている。

> 家庭の庭といふ文字は、『論語』巻八の「季氏篇」第十六の末にある孔子と伯魚との父子の間に行はれた異聞に基くもので（略）伯魚が趨つて中庭を過ぎた時に父たる孔子から呼止められて『詩』を学べ『礼』を習へと言はれた故事である。
> それから過庭とか庭訓とかいふ熟字が用ゐられ、庭の字が専ら父のことにかゝり、庭訓は父訓、椿庭は父をさすやうになつた。

このように『家庭指南』の「家庭」は、孔子父子の庭訓《ていきん》の故事から出て、厳父が子女に示す教訓の意味を濃厚にふくんでいる。父親が子に教えを伝える入門書の意味と理解できるのである。

明治四年十二月には『新聞雑誌』二三号の「報告」に「恭順瑞穂先生積慮累思《セキリヨルイ》（ママ）シテ新ニ教方ヲ創《ハジ》メ是ヲ家庭ニ試ルニ其効ノ速ナル一年ノ学業一月ニシテ達セリ」という例がある。瑞穂先生が新しい学習法を考え出し、それを自分の家の子供に試みたところ、一年かかる学業が一か月で達成できたというのである。

明治九年には慶応義塾から箕浦勝人《みのうらかつんど》編集の雑誌『家庭叢談《そうだん》』が出版され、明治十六年には京都で岸田正の『家庭経済録』上下二冊の木版和装本が出るが、後者は明らかに家政（衣食住）についての入門書である。

文学作品では坪内逍遥の『一読三歎 当世書生気質』の第三回（明治十八年）に出てくる。

守山友芳《もりやまともよし》といふ静岡県士族。年の比《ころ》ハ倉瀬と。大概おなじ程と思はるれど。何となく威儀《ゐぎ》ありて。何処《どこ》となく沈着《おちつき》たるは。家庭鞠育の方法の。其宜しきを得たりしに依る歟。はた天然の性に成るか。

この「家庭鞠育」は「家庭教育」と同義とみてよいが、「父親の教育がよく」とも解釈できる。

明治二十年代に入ると「家庭」という単語があちこちで頻繁に使われるようになる。それらは『女学雑誌』や『家庭雑誌』に顕著で、明治二十五年九月の『家庭雑誌』創刊号には、「而《しか》して個人的若《も》しくは平民的改革は家庭改革にあらずや。『家庭雑誌』は家庭改革の導火とならんとする者《もの》なり」と記されているように、従来の封建的な家のあり方を改革しようとするものであった。

では、どのような状態を、どのように改革しようとしたのであろうか。明治三十三年十月十五日、堺枯川《さかいこせん》(利彦)は『万朝報《よろずちょうほう》』に「風俗改良案」を掲げ、従来の日本の家庭組織は全く専制主義だと述べている。

家長たる男子ハ無限専制の君主にして、細君、児女、其他ハ絶対服従の臣民なり、下女下男の如きハ言ふまでもなく奴隷の境界なり。今日と雖も、多くの家庭ハ猶此組織を存するなるべけれど今後の家庭組織ハ決して此の如くなる可きにあらざるなり。

明治三十年代においても家長たる男子は「無限専制の君主」であり、妻と子供は「絶対服従の臣民」であった。これを改革するにはどうすればよいか、枯川は議会になぞらえて論じた。

細君ハ家長に対して協賛の任に当らざる可らず、家長ハ必ず細君の協賛を経て事を行はざる可らず、家庭の機関は単純なるが故に、一身にして諸種の機能を有せざる可らず。（略）家長は君主たると同時に総理大臣兼外務大臣たるべし、細君ハ一面議会協賛の任に当ると同時に、他の一面にハ大蔵大臣、内務大臣、総理大臣秘書官等の職務を執るべし。

そして、児女、弟妹、老人や雇人らに、「皆相当の事務を分担せしめ、家庭の一機関として、一役員として、其職務を定め、其職権を定め、相当の尊敬を払ひ、相当の自由を与へざる可らず」と結論している。

この主張は大きな反響を呼び、「婦人よりの来書」が次々と紹介されている。その一つ、「賤子《しづこ》と申さるゝ方」は次の投稿をよせている（十月二十二日）。

（前略）私方などにては、記者の御説を承けたまはるまでもなく、此頃の物価騰貴に迫はれ、いろ〳〵工夫いたし候、さりながら何と申す芸もなき私共にては内職も埒あき申さず、いつその事、色々の不便は之あり候へども、下女をやめに致すが一番と存じ、去年の秋よりは、水くみも飯たきも雑巾がけも私一人にて務め居候、豆腐かひにも油かひにも自分にて参り候（下略）

この来書について枯川は、「予ハ実に此の如き現象を喜ぶ、何となれば是れ当然の事なればなり」と評している。これは日本の上層・中層階級の家庭では、下女をおくことが一般的であった時代の発言として考えるとき、今日からは当たり前であっても、当時においては極めて新しい考え方であったことを認識する必要がある。

家庭と女性の理想像

明治三十七年『手紙雑誌』一巻八号に小島烏水の「宏大なるホーム」という一文が掲載された。

前略、家庭と言ふ当節殊に流行の新語は、初め誰かゞ英語のホームを訳したのなりとか承はり候へ共、気の故か、ホームといふと、世間《せゐ》が広くなり、家庭《かてい》といふと、頓《とみ》にせゝこましくて、少しく臂《ひぢ》を張れば、竹棹に障りて、襁褓《むつき》がひらりと舞ひさうに覚えられ候。

ここでいう「当節殊に流行の新語」である家庭とはhomeの訳語であって、先に述べた『広漢和辞典』の①②の意味でも、父の教訓の意味でもない。新しい意味が誕生したのである。

ホームを紹介したのは『女学雑誌』の巌本善治《いわもとよしはる》ではないかと思う。彼は同誌の二二四号の社説「細君内助の弁（上）」（明治二十三年）に次のように述べているからである。

近頃ろホームと云へる語《こと》ば普通の如くなり行《ゆき》たり。数年前吾人《すねんぜんごじん》が「日本《ニホン》の家族《かぞく》」数篇《すへん》を論出し、初めて「ホーム」と云へる語《こと》ばを高く吹聴せしより、年月は此の微《び》なる種を発育して、今や到る処ろに其声反響せり。

状函

○宏大なるホーム　小島烏水

前略《ぜんりやく》、家庭《かてい》と言《い》ふ當節《たうせつ》柄に流行《りうかう》の新語《しんご》は、初《はじ》め誰《たれ》かゞ英語《えいご》のホームを譯《やく》したのなりとか承《うけたまは》り候へ共、氣《き》の故《せゐ》か、ホームといふと、世間《せけん》が廣《ひろ》くなり、家庭《かてい》といふと、頓《とみ》にせゝこましくて、少しく臂《ひぢ》を張《は》れば、竹椽に障《さは》りて、襁褓《むつき》がひらりと舞《ま》ひさうに覺《おぼ》えられ候。最《もつと》も小生《せうせい》が大廈《たいか》に人《ひと》とならずして、マッチ箱《ばこ》のやうな小宅《せうたく》に棲《す》み慣《な》れた故《せゐ》かは知《し》らねど、抑《そ》も大千世界《だいせんせかい》を何合何勺何才《なんがふなんしやくなんさい》とまで小刻《きざ》みに刻《きざ》みて、そこに二階《かい》三階《がい》と建《た》て列《つら》ね、兩手《りやうて》の指《ゆび》を屈《かゞ》むるに足《た》るまじき人《にん》數《ず》を擁《よう》して、家庭《かてい》は壯嚴《さうげん》なる道場《だうぢやう》なりといきまく氣《き》が知《し》れず、小生《せうせい》もやはり世《せ》間並《けんな》みに家庭《かてい》といふものを形造《かたちづく》り居《を》り候ものゝ一人《にん》なれど、小生《せうせい》は、人間《にんげん》、動物《どうぶつ》、植物其他《しよくぶつそのた》の自然《しぜん》を仲間《なかま》に入《い》れたる、宏大《くわうだい》なるホームに（占領《せんりやう》し居《を》れる土《つち》の容量《ようりやう》こそ極《きは》めて小《せう》なれ）欣々生存《きんきんせいぞん》し居《を》る儀《ぎ》に候。

我《わ》が室中語《しつちうご》に曰《いは》く、人苟《ひといやし》くもホームを作《つく》るなら（家庭《かてい》といふと、例《れい》の襁褓《むつき》の連《れん》想《さう》が出《で》るので、小生《せうせい》は、このところ、暫《しばら》くホームと申《まう》し候）成《な》るべく自然《しぜん》に接《せつ》近《きん》したるところが宜《よう》しく候。即《すなは》ちホームを以《もつ》て單《たん》に人間繁殖融和《にんげんはんしよくゆうわ》の道場《だうぢやう》とせずして、併《あは》せて人間《にんげん》と自然《しぜん》と結婚《けつこん》する聖擅《せいせん》と仕《つかまつ》りたく候。先《ま》づ小生自身《せうせいじしん》が覺束《おぼつか》なき記憶《きおく》より手繰《てく》り出《だ》したる經驗《けいけん》によれば、父母《ふぼ》と祖母《そぼ》（今《いま》や則《すなは》ち亡《な》し）とごく近《きん》所《じよ》の小朋友《せうはういう》三四人《にん》を除《のぞ》くの外《ほか》は、同胞《どうはう》が四千萬人《にん》ありとも、何億人《なんおくにん》ありとも、皆《みな》こはい他所《よそ》の叔父《をぢ》さんと叔母《をば》さんのみ、何《なん》の關係《くわんけい》もなければ、影響も蒙らず、一向《かう》にうれしくもなければ、ありがたくもなし、小子即《せうしすなは》ち却《かへ》つて蟬《せみ》を追《お》ひ廻《まは》し、蜻蛉《とんぼ》の尻《しり》をつけねらひ、バッタと草《くさ》むらの中《なか》に組《く》みうちをはじめ、蟷螂《かまきり》こそ對手《あひて》に取《と》つて不足《ふそく》なしと、大《おほい》に王者《わうじや》の師《し》を起《おこ》す芋蟲君《いもむしくん》の圓轉《ゑんてん》なる、蛞蝓君《なめくぢくん》の

小島烏水の投稿文「宏大なるホーム」（明治37年『手紙雜誌』１巻８号）。

また、明治二十四年二月二十八日刊の『女学雑誌』二五四号の家政欄には『『ホーム』議案』がのり、「ワード、ハウ女史が意見」としてアメリカの家庭を紹介している。

通常の青年女史と等しく妾《わらは》も婚期に於て嫁ぎけるが家庭の細務に至りては知らざる事のみ多かりき、(略) こは多く結婚して家庭の事の当《あた》る時《とき》心づくものなるが預《あらか》じめ知るは最も願はしき所なり、如何《いか》なる家庭と雖《いへど》も誠実巧手を以《も》て事を治むる賢婦良妻なくんば真の幸福《さいはい》と快楽を得べからず、されば才芸に富み、虚飾《きよしよく》を専らとする婦女子より丁寧周到に家庭を治むる人を勝れりと云《い》ふ可《べ》し。(略) 我国(米国を云ふ) に於《おゐ》ては女子多くは家庭の務めを疎んじ之を奴婢《ぬひ》に委《ゆだね》るの弊《へい》あり、(略) 家庭《かてい》の美醜は主婦平常《へいせい》の心がけによるもの多し、されば憐愛《れんあい》の心をもて奴婢に対し、其過失あるにあたりても賓客の心もて恕《じよ》する事大切なり、(略)

日本で理想としたアメリカのホームも、実状は下男下女(奴婢)を使う家庭であった。そして、その理想を描いたのが家庭小説であった。

登張竹風《とばりちくふう》は、小説には「美」を追求する理想小説と、「真」を追い現実の写真であろうとした自然派小説と、「善」を求めた家庭小説とがあり、「家庭教育と矛盾することなく、家庭道徳と衝突することなき小説」が家庭小説だと定義している（「家庭物とは何ぞや」『読売新聞』明治三十八年十月二十九日）。菊池幽芳《ゆうほう》の『家庭小説　乳姉妹《ちきょうだい》』、田口掬汀《きくてい》の『家庭小説　女夫波《めおとなみ》』は、新聞小説として女性読者の涙をさそった代表作である。『乳姉妹』の主人公房江は「日本の女子といふ立場から見て、最も高潔な観念と、最も深厚の同情を有して居る、一個の理想の女」として描かれたのである。菊池幽芳は力説する。

私は今日の日本の社会が要求する最も切実な婦人、理想と情熱とを併せ有し、天然と人事に対する興味を持ち、そして淑女としてのたしなみに欠くる所のない、まづこれならば、完璧であろうと思はれる女性に拵へあげたのでございます。（略）幸ひにみなさん方の、房江に非常なる同情を注がれる所を見ますと、房江の如き女は、また遥かにみなさん方の理想にあつた事は、明白であろうと考へるのでございます。（はしがき）

明治時代の女性の理想像はどのようなものであったか。お嬢さまや貴婦人を求めた

明治時代の家庭小説の一読をおすすめしよう。

衛生

転用語

家庭生活の基本は家族が健康であることであろう。食品衛生、精神衛生、そして公衆衛生に注意しなければならない。この「衛生」ということばは、今日、「細菌がついたり、病気にかかったりしないように気をつけること」(『三省堂 国語辞典』四版平成四年)という意味で使用されている。医学の立場から病気の予防に主眼がある。「衛生」という単語は中国に昔からあり、その意味は「生《せい》を衛《まも》る」すなわち生命を全うすることであった。身体の健康を保ち長寿をはかることである。『荘子』雑篇の「庚桑楚《こうそうそ》」に、南栄趎《なんえいちゅう》という人物が老子に会って、人生観を聞くところがある。

趎が大道を問ふが若《ごと》きは、譬へば猶ほ薬を飲んで以て病を加ふるがごときなり。趎、願はくは衛生の経《けい》を聞かんのみ。老子曰く、衛生の経は、能く一を抱かんか。能く失ふこと勿《な》からんか。(略)行《ゆ》いて之《ゆ》く所を《を》知らず、居りて為《な》す所を知らず。

物と委蛇《ゐい》して、其《その》波を同じくす。是れ衛生の経のみ。

（『国訳漢文大成』七巻　経子史部）

「衛生の経」とは健康を保つための常法ということであり、人間の生き方を話し合っているのである。

日本の使用例をさがすと、正応元年（一二八八）に丹羽行長が書写した『衛生秘要抄』があって、夫婦和合の法について述べている。江戸時代になると、本井子承《もといししょう》の『秘伝衛生論』（寛政七年）や『長命衛生論』（文化十年）など、健康に関するものがある。

つねニ心得何《なに》げなくともおり〳〵蚘虫《はらむし》を去《さる》ル用心あるべしこれ長命衛生《せうをまもる》の心得ニよろしき事也　（『秘伝衛生論』坤之巻「老人心得の事」）

予密に是を考れば、孔明身を摂し衛生の心がけうすきにて、（『長命衛生論』中巻）

老人は回虫を駆除せよとか、摂生して健康を守れとか、長命であるための方法を指示しているのである。

大田南畝《なんぽ》の『一話一言』にも「衛生遊稿」という題名があるが、内容は「客路」という題の漢詩などが並んでいる。題名の意味は、「生《しょう》を衛《まも》り稿に遊ぶ」ということであろう。悠々自適の生活を原稿にして楽しんでいる。

日本で衛生行政が統一しておこなわれるようになったのは明治六年三月、文部省に医務局が創設されてからのことである。明治七年には「医制」が公布されたが十分な実を上げるにはいたらず、衛生行政が軌道にのったのは明治八年六月に内務省に衛生局が設けられてからのことであった。「医制」を起草し、医務局を衛生局に改称した初代衛生局長の長与《ながよ》専斎《せんさい》は、彼の遺著『松香私志《しょうこうしし》』(明治三十五年)のなかに、その事情を次のように記している。

嚮《さき》に医制を起草せし折、原語を直訳して健康若くは保健なとの文字を用ひんとせしも、露骨にして面白からす、別に妥当なる語はあらぬかと思めくらししに、ふと『荘子』の「康桑楚篇」に衛生といへる言あるを憶ひつき、本書の意味とは較々《やや》異なれとも字面高雅にして呼声もあしからすとて、(略)衛生局の称は茲《ここ》に始めて定まりぬ。

直訳した「原語」が何語であるか、専斎は明記していないが、明治二十一年の『漢英対照いろは辞典』には、

えいせい　衛生（身体を養生するを云ふ）、摂生、養生、摂愛、摂食　Hygiene, Preservation of health.

えいせいがく　衛生学、養生学　Hygiene

とある。hygiene の訳語として、在来語が転用されたのである。

東京大学医学部教師のチーゲルが、明治十二年に内務省の衛生局と陸軍省の医務局でおこなった講義が、衛生学の最初の講義であった。このときの講義を翻訳した『衛生汎論』は公衆衛生を説いたもので、明治十三年に刊行された。日本人による衛生学の講義が行われるのは、ドイツでペッテンコヘルに就いて学んだ緒方正規《まさのり》が明治十八年に東京大学医学部教授になってからのことである。

明治十七年六月、森鷗外に衛生学兼陸軍医事を学ぶためドイツへ出発する命令が下った。ドイツに着いてあいさつに行った大使館で、鷗外は公使から苦言を呈される。

公使のいはく衛生学を修むるは善し。されど帰りて直ちにこれを実施せむこと、恐らくは難かるべし。足の指の間に、下駄の緒挟みて行く民に、衛生論はいらぬ事ぞ。学問とは書を読むのみをいふにあらず。欧洲人の思想はいかに、その生活はいかに、その礼儀はいかに、これだに善く観ば、洋行の手柄は充分ならむ
（『独逸日記』明治十七年十月十三日）

確かに、国際化、国際化とスローガンを唱えても、今日もなお日本人は外国人の考え方、生活の仕方、交際の方法を知らないのではなかろうか。

庶民の衛生観念

しかし、明治政府がいくら法律を整備しても、小学校の就学率が五〇パーセントそこそこの明治二十年代、「衛生」という単語を知らない日本人がいくらもいた。その一例を示そう。明治二十三年一月一日から『読売新聞』に連載された斎藤緑雨の「唯我《ゆゐが》」には、北里喜之助《きたりきのすけ》という物知りぶる先生が、肺病の菓子屋の主人と衛生を売買しようという一節がある。

お前さんなども意を衛生《ゑいせい》に注いで居たなら患らひたくも患らへない命あッての物種といふ其物種の問屋《とひや》だ、有難う御在ますそれでハ私も衛生を一つ買て見ませう で御在ます（略）ナニ衛生を譲ッてくれハテ妙《めう》な事を聞くものだ私も何彼《なにか》と道楽をして見たがまだ衛生を譲た覚えハない（略）私の衛生をお前さんに売れば私の寿命は無いそこで私が又衛生を買て来るコート分らんぞ〳〵万一衛生を一手に買占た日には何うなる（略）あゝ爾《さう》かお前さん衛生を御存じないネ、お恥しいことで御在ますが未《まだ》一度も拝んだことは御在ません（略）衛生を平ッたく言ば養生サ、ハア爾《さう》で御在ますか（略）衛生は存じませんが養生なら存じて居ります（略）

「養生」は知っていても、「衛生」は知らないのが庶民の実際であった。衛生の意味も予防の意味ではなかった。物知り顔の先生が「何も衛生と云ッてむつかしいものではない朝は起きる起きれば漱《くちそゝ》ぐ夜は寝る寝れば鼾《いびき》をかく喫飯《きつぱん》は日々三回宛《づつ》執行すとある是即《これすなは》ち衛生の原則だ」というように、生命を維持すること、すなわち養生の意味であった。

やがて衛生の知識が普及すると、「衛生髯《ゑいせいひげ》」ということばもできた。泉鏡花の「化《ばけ》銀杏《いちょう》」（『文芸倶楽部』明治二十九年二月）では、衛生髷が病気の予防のためのものであり、「衛生」が予防の意味に変わっていることがわかる。

お貞《てい》は少年の面《かほ》を見て、『衛生髷だとさ、おほゝ。分るかえ？　芳《よッ》さん。』『何のこッた、衛生髷ッたつて分らないよ。』『其はね。』となほ微笑みながら、『斯《か》うなのよ。（略）往来の塵埃《ほこり》なんぞに、肺病の虫がまざつて、鼻ンなかへ飛込むのを、髷がね、つまり玄関番見たやうな者で、喰留《くひと》めて入れないンだッさ。見得でも何でもないけれど、身体《からだ》のために生《はや》したと、さういつたよ。だから衛生髷だわね。おほゝゝゝ。』

明治も三十年代に入ると、衛生は学校教育を通じて定着しはじめ、不良少年や年少犯罪者の教化に力をつくした留岡幸助《とめおかこうすけ》が、「本校の衛生につきては、村山鉄太郎（歯科）ドクトル・ホイットニー（眼科）高田耕安（内科）の諸氏なり。殊に島述氏は終始本校の衛生及体育につき少なからさる助力を与られたり」（『家庭学校』明治三十四年六月）と記している。

そして浮田和民《うきたかずたみ》は『国民教育論』（明治三十六年）に、「人類は他の動物の知らざる医術及び衛生法を知るが故に、将来他の動物と異にして、其の成長発育の時期に対し五倍以上の生命を保つことを得るに至らんも亦た未だ知る可からず。死は天命なりと雖ども、生命の期限は社会の改善、及び衛生法の進歩にて延長せしむることを得べし」と述べ、そのために肉食の普及と市場販売の肉類及び食肉に用いる動物について、政府が厳重に検査することを切望している。

ドイツで衛生学を修めた森鷗外は、帰国後、「公衆衛生略説」（明治二十三年）に、次のように記している。

> 衛生健康学といふ語を借りて今人の指す学問は独逸にて「ヒユギエエネ」Hygieneといふものなり（略）今や此衛生は一学科の名目となりて定義あるなり公衆衛生とは何ぞや独逸にて公衆健康保護法 Oeffentliche Gesundheitspflegeといふ字を訳したるなり（略）

ただ、鷗外自身は「公衆衛生」といわず「衛生公法」という訳語を考案したけれども採用されず、「公衆衛生といふ語、法律に入り書名となり倒《なか〳〵》に変更し難きを見たれば止みぬ」と嘆じている。

『衛生髯《ゑいせいひげ》だとさ、おほゝ。分《わか》るかえ？芳《よッ》さん。』

『何《なん》のてッた、衛生髯《ゑいせいひげ》ッたつて分《わか》らないよ。』

『其《それ》はね。』となほ微笑《ほゝゑ》みながら、『斯《か》うなのよ。何《なん》でも人間《にんげん》の身體《からだ》に附屬《ふぞく》したものは、爪《つめ》であらうが、垢《あか》であらうが、要《い》らないものは一《ひと》つもないとね、其中《そのなか》でも往來《わうらい》の塵埃《ほこり》なんぞに、肺病《はいびやう》の虫《むし》がまざつて、鼻《はな》ンなかへ飛込《とびこ》むのを、髯《ひげ》がね、つまり玄關番《げんくわんばん》見たやうな者《もの》で、喰留《くひと》めて入《い》れないンだッさ。見得《みえ》でも何《なん》でもないけれど、身體《からだ》のために生《はや》したと、さういつたよ。だから衛生髯《ゑいせいひげ》だわね。おほゝゝゝ。』

お貞《てい》は片手《かたて》を口《くち》にあてつ。少年《せうねん》も吹出《ふきい》だしぬ。

『いくら衛生《ゑいせい》のためだつて、あの髯《ひげ》だけは廢止《よせ》ば可《い》いなあ。まるで（ちよいとこさ）に肖《に》てるものを、髯《ひげ》があるから否はそつくりだ。』

お貞《てい》は眉《まゆ》を打顰《うちひそ》めて、

『嫌《いや》だよ、芳《よッ》さんは。（ちよいとこさ）は餘《あんま》りだわ。でも（ちよいとこさ）と謂《い》へば此間《このあひだ》、小橋《こばし》の上《うへ》で、あの（ちよいとこさ）の飴屋《あめや》に逢《あ》つたの。丁度《ちやうど》其時《そのとき》だ。櫻《さくら》に巾の字《じ》の徽章《きしやう》の着《つ》いた學校《がくかう》の生徒《せいと》が三人連《さんにんづれ》で、向《むか》ふから行《ゆ》き違《ちが》つて、一件《いつけん》を見《み》ると聲《こゑ》を揃《そろ》へて、（やあ、西岡先生《にしをかせんせい》。）と大笑《おほわらひ》をして行《ゆ》き過《す》ぎたが何《なん》のこつた知《し》らんと、當座《たうざ》は氣《き》が着《つ》かずに居《ゐ》たつけがね。何《なん》だとさ、學校《がくかう》ぢやあ、皆《みな》がもう良人《うちの》に（ちよいとこさ）と謂《い》ふ渾名《あだな》を附《つ》けて、蔭《かげ》じやあ、さうとほか謂《い》はないさうだよ。』

少年《せうねん》は頭《かうべ》を掉《ふ》れり。

『何《なん》の。蔭《かげ》でいふくらゐなら優《やさ》しいけれど、髯《ひげ》がね、あの學校《がくかう》の雇《やとひ》になつて、はじめて教場《けうぢやう》へ出《で》た時《とき》に、誰《だれ》だつ

泉鏡花「化銀杏」（明治29年２月『文芸倶楽部』）。

冒険

借用語

「この頃マンネリだから、今度は少し冒険しようと思うんだ」とか、「いい計画だが、少々冒険だな」というように、ごく一般に用いられる冒険ということばは、危険を承知のうえで、失敗や不成功を恐れず何かを試みることとの意味で用いられる。

森鷗外は『三田文学』に発表した「藤鞆絵《ふじともえ》」（明治四十五年五〜六月）の冒頭にこう記している。

冒険《ばうけん》といふ詞《ことば》は、aventure《アワンチユウル》を故人森田思軒が訳して、始て使つたのだと、本人の直話《ぢきわ》であつた。なる程多くの場合には好く嵌《は》まつてゐる。併し深山に入つたり、荒海に出たりするやうに、危険が伴はなくては、アワンチユウルが成り立たないと云ふものではない。

そして、アバンチュール aventure を訳したのはモーパッサンの小説だったかと紹介している。田舎に住んでいる、ごく真面目な家の細君が、一生に一度、ぜひ浮気がしてみたいと思い立ってパリへ出る話である。こうしたアバンチュールの気持ちは、男女を問わず誰でも多少あるのではなかろうか。これがフランス人のアバンチュールかとわかっても、はたして冒険も同じなのだろうか。

まず、中国に「冒険」の用例があるかみてみよう。白川静《しずか》著『字通《じつう》』をひくと、宋の蘇軾《そしょく》（蘇東坡《とうば》）の詩「入峡」が引用されている。『続国訳漢文大成』の蘇東坡の詩集によると、

伐レ薪常冒険。得レ米不レ盈レ甑。　薪《たきぎ》を伐りて常に険《けん》を冒《をか》し、米を得て甑《たん》に盈《み》たず。

である。「険を冒して薪を切り、米を得ても小甑には満たない。生活は苦しい」という詩で、生命の危険を冒《おか》して薪を切る、の意味であって、アバンチュールとは違うようである。

幕末の対訳辞書をみると、仏語 aventure にも英語 adventure にも、訳語の「冒険」は出てこない。たとえば日本で最初の英和辞典『英和対訳袖珍辞書』（文久二年）に

は、

Adventure　周リ合セ、時運

adventurer　先見スニ物スル人《俗ニ云ヤマシノ類ナリ》

とある。後者は「先を見ずに行動する人」「やまし（山師）」としている。モリソン、メドハースト、ウィリアムス、ロブシャイドの四種の英華辞典の adventure の訳語にも冒険はみえない。しかし、temerity の項にみえる。

TEMERITY, unreasonable contempt of danger, 冒険
(R. Morrison『中国語辞典』Ⅲ 1822)

TEMERITY, 冒険
(W. H. Medhurst *English and Chinese Dictionary*. in two volumes. 1848)

Temerity, 冒行（略）冒険（略）
(W. Lobscheid『英華字典』Ⅳ 1869)

temerity は向こう見ずとか、無鉄砲という意味で、フランス語の aventure に近い。

類似の意味の訳語を、英華辞典から借用したのであろう。

日本の辞書に「冒険」の字がみえるのは、明治六年刊の『附音挿図　英和字彙』である。

Adventure　偶然ノ事。時運《ジウン》。危険《キケン》ノ事
Adventure　運《ウン》ニ任《マカ》スル。敢《アヘ》テスル。険ヲ冒《ヲカ》ス。試看《シテミル》スル
Adventurer　冒険者《ムヤミナヒト》。大胆者《ダイタンモノ》。欲万漢《ヤマシ》。

adventure に「冒険者」があること、動詞の adventure に「険ヲ冒ス」とあることが注目される。しかし、ふりがなは「ぼうけん」ではない。「ぼうけん」と読む確実な例は、明治十九年刊の『改正増補　和英英和　語林集成』である。

ADVENTURE Hijō no koto, abunai me, fuji no koto, ihen, kakeroku, bōken,
kiken wo okasu koto, …

国語辞典では明治二十一年の『漢英対照　いろは辞典』が最初である。

ぼうけん　冒険、あやうきををかすこと　Adventure, risk, adventurious, risking

しかし、大槻文彦の『言海』（明治二十二～二十四年）や山田美妙の『日本大辞書』（明治二十五～二十六年）にはみえない。

漢字で冒険と書かれた用例をさがすと、広田栄太郎が紹介した、明治十二年の「修飾及華文」（菊地大麓訳『文部省百科全書』）が早い。

然シテバルラット《起事ヲ歌ニ作リタル者》小曲及ヒ英豪冒険者ノ伝記者（通知）

ユーリッシースカ冒険ノ状ヲ写出スノ手ヲ仮ルニ非サルヨリハ（行旅日記）

明治二十年代になると、高橋五郎《たかはしごろう》や森田思軒《しけん》が使い出す。

今又此冒険者に倚頼して之を遣はせり、

（高橋五郎「エドウヰン、アーノルド氏の談話」『国民之友』六八号　明治二十二年）

唯た先生が平素大を喜び精を喜び理科の学を喜び一種の冒険《アドヴエンチユロース》やうの事を喜ぶ
気習の相合して此に洩れ出でしのみ
（森田思軒「南窓渉筆」『国民之友』七七号　明治二十三年）

アドベンチャーのふりがなの例を紹介すると、明治二十五年に「冒険者《アドベンチユラー》」（不知庵主人『文学一斑』明治二十五年）、明治二十六年に「冒険誌《アドエンチユーアルス》」（坪内逍遥「美辞論稿」第六『早稲田文学』三三号）などがある。明治二十年代から「冒険」が adventure の訳語として定着しようとしていることがわかる。

冒険小説の誕生

冒険という語が一般化するには、『ロビンソン漂流記』にはじまる冒険小説の翻訳や紹介にあずかるところが大きいのではなかろうか。
不知庵《ふちあん》・内田魯庵《ろあん》は『文学一斑《いっぱん》』に、「冒険物語は冒険事業を骨と為して編みしものにして、デフォーの魯敏孫漂流記は実に此種の代表者として古今に超出する大傑作なり」と『ロビンソン漂流記』を紹介している。またセルバンテスの『ドン・キホーテ』を翻訳した『鈍機翁《どんきおう》冒険譚』（松居松葉訳）も明治二十六年に出版された。そしてジュール・ベルヌの『二個年の学校休暇』を英語から重訳した森田思軒の『十五少年』（明治二十九年）によって、児童文学の分野に冒険小説というジャンルが確立することとなった。

福田清人《きよと》は、「明治の児童文学」（『児童文学のすすめ』昭和四十一年　愛育出版社）において、明治後期の特色として、「少年、少女と区別をおいて、読者を考えるようになり」、さらに、「少年小説の一ジャンルとして冒険小説の発生を見た」と指摘したあと、次のように考察している。

翻訳として森田思軒訳のジュール・ベルヌの「十五少年」が、明治二十九年三月から「少年世界」に連載されたが、それは英訳による重訳で達意を主とし修辞を従とした意訳によった文章体のものであったが、若松賤子《しづこ》訳の「小公子」の平易な口語訳とならび、名訳とされ、ひろく愛読された。そして、この冒険小説の脈は、明治三十年代の押川春浪や桜井鷗村にひかれている。

これらの背景には、日清戦争後の国民精神の高揚があり、夢と冒険が国内から国外へと広がるなかで、少年が憧れる冒険心理と重なったのである。なお、「十五少年」は明治二十九年三月〜十月の雑誌『少年世界』に連載されたときは、「冒険奇談　十五少年」と題していたが、同年十二月刊の単行本では「冒険奇談」の四字を消している。

福田が次に名前をあげている押川春浪《おしかわしゅんろう》は『海島冒険奇譚　海底軍艦』を書いた。今日の潜水艦建造の話で、はしがきに「海の勇者は世界の勇者たるべし」とうたうなど、国家意識を強調し、海外へ向かう民族エネルギーの奔流を高唱している。大町桂月《おおまちけいげつ》は、「酒に死せる押川春浪」（大正五年）に「明治の文壇に冒険小説の一派を開きて士気を鼓舞し、兼ねて運動に青年を鼓舞せり。雑誌の『冒険世界』は春浪に依りて創まれり」と記している。

桜井鷗村《おうそん》はメイン・リードが書いた『Run Away to Sea』を翻訳した。『勇《いさむ》少年冒険譚　初航海』は、海に憧れる十三歳の少年が家出して船に乗り組むが、これが奴隷売買船で、一人の水夫に護られながら生死すれすれの冒険をする話である。言文一致の平明な文体で読みやすい。

明治三十六年八月には『大阪毎日新聞』に菊池幽芳の『家庭小説　乳姉妹』が連載された。その一節で、君江が「或冒険《ぼうけん》の青年」と知り合うのだが、アメリカ帰りの骨格の逞しい、色の浅黒い、眼光鋭いその青年「高浜勇は冒険家《ぼうけん》である如くに、その恋にも冒険で、殆んど向ふ見ずに君江を恋して居たのです」と書かれている。「冒険の」「冒険で」は「向こう見ず」とほぼ同意に使われていることがわかる。

国木田独歩の「非凡なる凡人」(『青年界』明治三十六年)には、主人公の桂正作《しょうさく》の性格を、「けれども天の与へた性質から言ふと、彼は率直で、単純で、そして何処かに圧《おさ》ゆべからざる勇猛心を持つて居た。(略)則ち一転すれば冒険心となり、再転すれば山気《やまぎ》となるのである。現に彼の父は山気のために失敗し、彼の兄は冒険の為に死んだ」と描く。冒険とは、一方で勇敢であるが、他方からみれば山気があるともいえよう。

冒険について正面から論じたのは、池辺《いけべ》三山《さんざん》である。明治四十三年七月二十三日の『東京朝日新聞』に、白瀬中尉の南極探検事業を後援するために、「南極探検事業」という論陣を張った。

人の行為には多少冒険の性質を含まざるは有らず。生活てふ事その事さへも、或は冒険とは謂はゞ謂ふ可し、何となれば人寿の修短不定なればなり、而して何時《いつ》死するか知る可らざる命を、何時までも生きんとする事その事が、既に根本に於

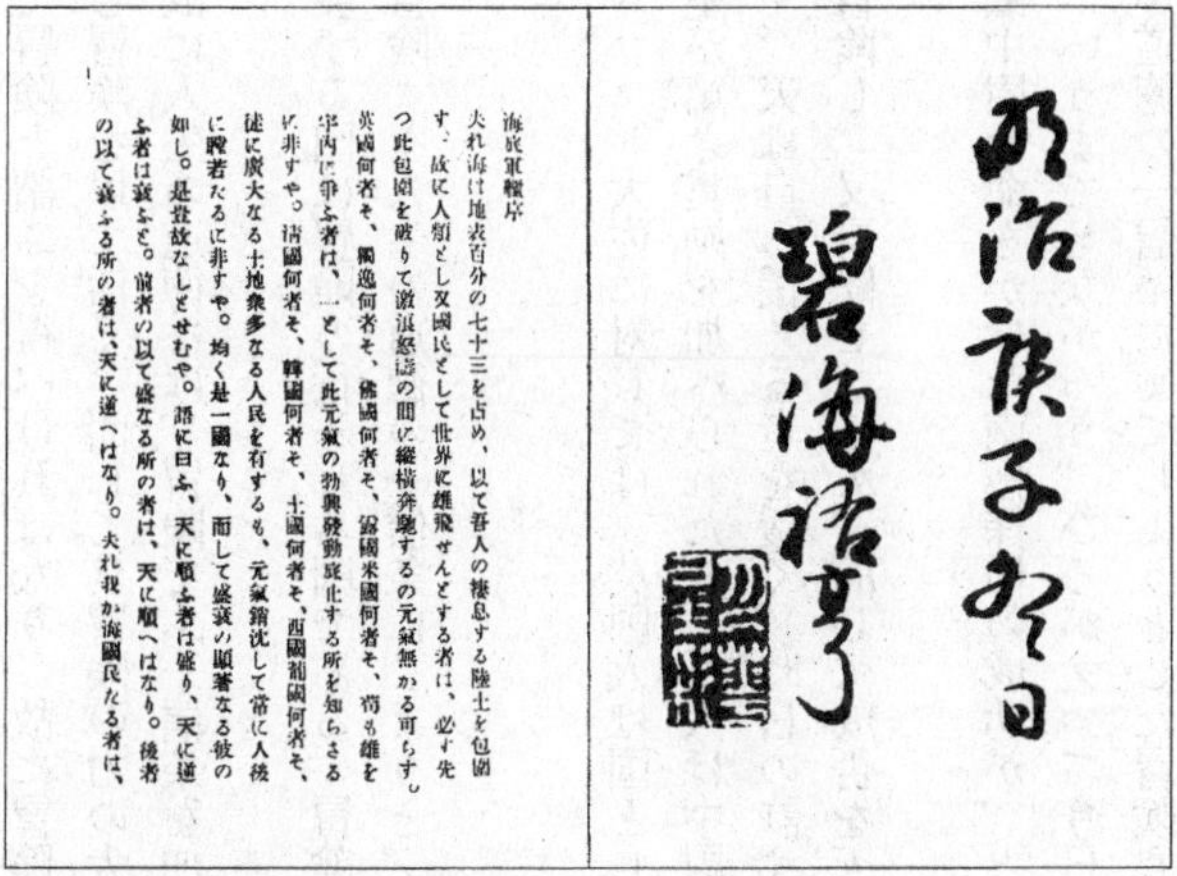
明治庚子秋日
碧海謹書

海底軍艦序

夫れ海は地表百分の七十三を占め、以て吾人の棲息する陸土を包圍す。故に人類として又國民として世界に雄飛せんとする者は、必ず先づ此包圍を破りて激浪怒濤の間に縱横奔馳するの元氣無かる可らず。英國何者ぞ、獨逸何者ぞ、佛國何者ぞ、露國米國何者ぞ、苟も雄を宇内に爭ふ者は、一として此元氣の勃興發動底止する所を知らざるに非ずや。清國何者ぞ、韓國何者ぞ、土國何者ぞ、西國葡國何者ぞ、徒に廣大なる土地衆多なる人民を有するも、元氣銷沈して常に人後に瞠若たるに非ずや。均く是一國なり、而して盛衰の顯著なる彼の如し。是豈故なしとせむや。語に曰ふ、天に順ふ者は盛り、天に逆ふ者は衰ふと。前者の以て盛なる所の者は、天に順へばなり。後者の以て衰ふる所の者は、天に逆へばなり。夫れ我が海國民たる者は、

押川春浪『海底軍艦』の巻頭（明治33年、文武堂）。

て冒険と謂ふを得べければなり。故に冒険の行はれざる国は死国なり。活国は則ち冒険を以て活《い》く。而して其冒険の力の大なるだけ其れだけ其活力の大を加ふ。故に人生の道徳には、冒険てふ一信条を加ふるの必要も有るなり。

発展する国は冒険の行われる国である、冒険の力はその国の活力である。したがって「冒険」を人生の道徳の一信条にしようと。さらに池辺三山は、白瀬中尉のためにいう。

スコット大佐に対しては、英国人は国としても援《たす》け、個人としても助け、又英皇室が篤《あつ》き奨励を加へられたり。吾人は中尉のために之を羨《うらや》む。去りとて失望はせず。天は自ら援くる者を援く。時日の許す限り、出費の許す限り、人事を尽して冒険し、又冒険せしめて、而して成否を天に託す。此《かく》の如きのみ。

白瀬中尉の命をかけた南極探検の成功が、どれだけ日本国民の自信と誇りになったかは、いうまでもなかろう。ひるがえって今日の日本は、安全ばかりが叫ばれ、明治の人が道徳の一信条にまでしようとした冒険心を失っている。

第Ⅲ章　庶民の造語、知識人の造語

ちゃう

新造語

赤い靴　はいてた／女の子／異人さんにつれられて／行っちゃった
横浜の　埠頭《はとば》から／船に乗って／異人さんにつれられて／行っちゃった
今では　青い目に／なっちゃって／異人さんの　お国に／いるんだろう

この歌は大正十年に発表された童謡で、野口雨情作詞、本居長世《もとおりながよ》作曲「赤い靴」の名で知られている。今回のテーマは「異人さん」かと思うかもしれないが、じつは「行っちゃった」「青い目になっちゃって」の「ちゃう」である。この「ちゃう」は「てしまう」が短縮された形で、「てしまう」→「ちまう」→「ちゃう」と変わったものである。

小学館『日本国語大辞典』初版（昭和五十年）の「ちゃう」をみると、この「赤い靴」が初出となっているので、「ちゃう」は大正生まれの新語ということになる。しかし、平成十三年刊の二版には、明治二十一年に『我楽多文庫《がらくた》』に連載された巌谷小波の「五月鯉《さつきごい》」の例が示されている。そして、ちゃうは「東京方言などのくだけた言い方」と記している。

そのほかの現代の国語辞典で「ちゃう」を調べてみよう。

ちゃう　チャフ〔助動・五型〕〔俗〕「…てしまう」のくだけた言い方。ちまう。「行っ――」　（『三省堂　国語辞典』四版　平成四年）

ちゃう　「てしまう」の約。話し言葉で使う。「あきれ――」↓「じゃう」　（『広辞苑』五版　平成十年）

ちゃう〔造語・五型〕〔俗〕〔「てしまう」の変化〕〔東京語で〕「本当・（確か）に…する」意のぞんざいな表現。「見ちゃった、いやんなっ――よ、困っ――な」　（『新明解国語辞典』五版　平成十二年）

ちゃう　ちゃふ〔連語〕〔俗〕…てしまう。↓しまう（略）　（『岩波　国語辞典』六版　平成十二年）

いずれも俗語としている。広辞苑は品詞名がなく、岩波と日本国語大辞典は連語としているので、まだ一語として認められていない。新明解でも、一語を構成する造語成分として扱われている。このように「ちゃう」は、連語、造語成分、助動詞、と辞典の解釈が定まらないほど新しい語だということができるだろう。

「ちゃう」の前身は「ちまう」、その前身が「てしまう」であることには間違いがないが、「てしまう」については、吉田金彦《かねひこ》が「『てしまう』の助動詞的用法は近世以来急にさかんになった語法である」（『現代語助動詞の史的研究』昭和四十六年　明治書院）と指摘しており、さかのぼると小林好日《よしはる》が『標準語法精説』（大正十一年　育英書院）の中で詳しく解説している。

不定時の完了を現すてしまふをたと結合して現在完了を用ふることがある（形が次の過去完了と同じ）。その時は完了の意味を強く現さんためである。

　今、使《つかひ》は帰つてしまひました。

過去及び未来に於ける完了態は過去及び未来の助動詞にてしまふをつけてあらはす。

　倅は昨年卒業してしまひました。／明日までには書いてしまはふと思ひます。

てしまふは東京語ではちまふとなることがある。

書いちまふ。／植ゑちまふ。

しかしこれはぞんざいな言ひ方である。

ここで興味深いのは、現在完了、過去完了、未来完了という英文典に出てくる用語で説明していることである。そして「ちまふ」も「ちゃう」も同じ用法を表現するために成立したことが明らかである。これは古典では「つ」「ぬ」「たり」「り」が使われていた日本語が、現代語へと移り変わる過程で、「たり」が「た」となって過去を示すようになったほかは、古典語として消滅してしまったことに深い関わりがある。「ちまう」「ちゃう」は、現代語における完了態を示すために誕生したのである。

「愛しちゃったのよ」

「ちまう」がもっとも早く使われた例は、私の知るところでは明治十九年の坪内逍遥著『新磨　妹と背かゞみ』の「（菊）ホイ失策《しくじつ》た。お飯《まんま》へ醤油を注《かけ》ッちまッた」である。

次は石橋思《し》案《あん》の『乙女心』（明治二十二年）に出てくる「岸辺さんがあんまりご酒《しゅ》

をおひなさるもンだから大変によッぱらッちまッてサ…（略）何所《どこ》となく仇《あだ》ッぽい女の声です」で、女も使っている。

「ちゃう」の例は明治二十一年の巌谷小波「五月鯉」の例が早い。

「デモ酒井さんはもう帰てしまふから仕様がない

「アラ姉さん、酒井さんがナゼ帰てしまふ

「私も何故《ナゼ》だか知らないけれども（略）昨夜《ユーベ》酒井さんが遅くなつて帰て来てからおつかさんに何だか大変叱られて居たョ

「アノ私がもう寝ちやつたあとで

姉妹の会話のなかで、十三、四歳の妹が使っている。

その次の例は山田美妙の「白玉蘭《はくぎよくらん》」（明治二十四年）である。

「今この人が危なく死ぬところを――己《おれ》も助けて弱ッちやッた。」

「本当に粉《こ》ン為《な》ッちやッた。粉《こ》ン為《な》ッちやッたが、願ひが叶ッたからそれで善《い》い。」

「何でもこゝ迄はたしかに来たンだ。己《おれ》が入ると何処《どこ》へか消えちやツた。」

話し手は壮年の男で、「ちゃった」が四回出てくる。みな過去完了である。

三番めに目についたのが広津柳浪《ひろつりゅうろう》の「変目伝《へんめでん》」（『読売新聞』明治二十八年二〜三月）の、「お袋は心配するし、泣いて心配するし、私や居ても立っても居られないんだから…三どんには困ッちやッた」という男同士の会話である。

明治三十年代に入ると、山田美妙の『帝国海軍』（明治三十二年）で海軍少尉候補生が郡長に向かって、「ほとんどの恩賞の大部分は陸軍に取られちやったです」といい、小杉天外《こすぎてんがい》の『はやり唄』（明治三十五年）では「言葉付から、尻にこけた八端の細帯を気取つて締めて居る処から、一見して東京の者と判る」車夫が百姓に、「ぢや、其の、婆様の淫乱で可《い》け無く成つ了《ち》やッたんだ？」と使っていて、いろいろな階層、職業の男女の会話に使用されている。

こうした風潮を受け、明治三十八年になると、『読売新聞』が「なくなっちゃった」を女学生ことばの一つとして取り上げ、「近年女学の勃興するに従ひ比較的下流社会の子女が極めて多数に各女学校に入学するに至りしより所謂お店の娘小児《たなむすめこども》が用ゆる言語が女学生間に用ひらるゝに至れる」ことを指摘している（「女学生と言語」三月十六日)。この記事によれば、いわゆる「お店の娘小児が用ゆる言語」の一つであったのが、明治三十八年頃には女学生が用いるようになっていたと理解される。ただ、私が調べたところでは「お店の娘小児」の使用例が見つかっていない。

山田美妙は東京生まれで、小杉天外の『はやり唄』の車夫も「東京の者」であるから、東京から発生した語と考えてよいだろう。だが、上品なことばとは見なされていなかったようで、文部省の第一期国定教科書『尋常小学読本』(イエスシ読本　明治三十七年から使用)を編集した吉岡郷甫《きょうほ》が、『東京でわ『書いてしまう』をつづめて『書いちまう』『書いちやう』(略)のようにいう。廃したい」(『日本口語法』二版　明治三十九年)といい、柳田国男も「早い話が東京の多くの家庭でも、標準語で無いものを幾らも使つて居る。たとへば『行つてしまふ』をイッチマウ、又はイッチヤウと謂つても許されて居る。或はこの三つを三つとも知つて居て、時に応じて使ひ分ける者もあるかと思ふ』(『国語の将来』昭和十四年)と述べ、標準語でない語といっている。今日、「東京の俗語」と国語辞典に書かれるのは、ここに出所がある。

現在、私たちは「ちゃう」「ちゃった」を俗語と思っているだろうか。少なくとも私は標準語だと感じている。電車の広告文、新聞の広告に出てくる「ちゃう」「ちゃおう」の類は何を示しているのだろう。これほど普及し、一般化した原因はどこにあ

●女《ぢよ》學《がく》生《せい》と言《げん》語《ご》

數年前《すねんまへ》まではハ女學生《ぢよがくせい》にハ自《おのづか》ら女學生用語《ぢよがくせいようご》なるものありて一種高尚《しゆかうしやう》なる口調《くてう》なりしとハ女子教育《ぢよしけういく》に經驗《けいけん》ある人《ひと》の知《し》る所《ところ》なり然《しか》るに近年女學《きんねんぢよがく》の勃興《ぼつこう》するに從《したが》ひ比較的下流社會《ひかくてきかりうしやくわい》の子女《しぢよ》が極《きは》めて多數《たすう》に各女學校《かくぢよがくかう》に入學《にふがく》するに至《いた》りしより所謂《いはゆる》お店《たな》の娘小見《むすめこども》が用《もち》ゆる言《げん》語《ご》が女學生間《ぢよがくせいかん》に用《もち》ひらるゝに至《いた》れると左《さ》に掲《かゝ》ぐる例《れい》の如《ごと》し

○なくなつちやつた○おしやーだ○行つてゝよ○見《み》てよ○行くことよ○よくッてよ○あたいいやだわ○おッこちる○のッかる

敎師《けうし》の面前《めんぜん》に在《あ》りてハ殆《ほと》んど斯《か》る言語《げんご》を用《もち》ひざれど一たび彼等《かれら》の控所《ひかへじよ》若《もし》くハ運動場《うんどうば》に至《いた》れバ裏店《うらだな》の娘等《むすめら》が喋々喃々《てふてふなんなん》と饒舌《しやべ》り居《を》るに異《こと》ならず而《しか》して更《さら》に次《つぎ》の言語《げんご》を耳《みゝ》にすべし○失敬《しつけい》なんだよ○君《きみ》○僕《ぼく》○無禮千萬《ぶれいせんばん》だわ—○君遊《きみあそ》びに來《き》玉《たま》へな○其他男學生《そのたゞんがくせい》の用《もち》ゆる常語《じやうご》

『読売新聞』明治38年３月16日号「女学生と言語」。

るのだろうか。完了表現の必要性と、昭和四十年にマヒナ・スターズと田代美代子《たしろみよこ》が歌って大ヒットした歌謡曲「愛して愛して愛しちゃったのよ」(浜口庫之助作詞・作曲)の力によるのではないか、というのが私の考えである。

ぽち　新造語

うらのはたけで、ぽちがなく、しょーじきぢいさん、ほつたれば、
おほばん、こばんが、ザク〳〵ザク〳〵
いじわるぢいさん、ぽちかりて、うらのはたけを、ほつたれば、
かはらや、せとかけ、ガラ〳〵ガラ〳〵

これは、明治三十四年に出版された『教科適用　幼年唱歌』初編下巻に掲載されている「はなさかぢぢい」（石原和三郎作歌・田村虎蔵作曲）の一節と二節である。子どものころ歌ったなあ、と懐かしく思い出される人も多いだろう。

かつて、テレビ東京が愛犬家愛猫家を対象に「ポチたま」という番組を放映した。大学生に犬の名として頭に浮かぶものは？　と聞くと、ポチがまっ先にあがってくる。どうしてなのだろうという疑問がわいてきた。

そこで、まず「花咲爺」の童話で犬は何と呼ばれているか、体の大きさは、毛の色は、とさかのぼってみることにした。

島津《しまづ》久基《ひさもと》著『日本国民童話十二講』（昭和十九年　山一書房）によると、第八講が「花咲爺」で、「今日では『はなさかぢゞ』と妙な片言のやうな題名で呼ばれてゐるが、昔は『花咲かせ爺』若しくは『花咲き爺』と、語法上だけでは兎に角正格に発音せられてゐた」ことを、表紙の色から赤本と呼ばれた江戸時代の子ども向け絵本類の表題から指摘し、「花咲かぢぢ」の出典を次のように示している。

赤小本に「めいよの翁《かれきに花さくぢゝひおきな》」赤本に「《花さき爺》おい楽の栄華」「枯木に花咲かせ親爺」「花さきぢゝい」などの作が出てゐる。御伽草子中には無い。

また、鈴木重三《じゅうぞう》・木村八重子《やえこ》編『近世子どもの絵本集　江戸篇』（昭和六十年　岩波書店）には木村八重子の「赤本の世界」という解説があり、赤本の文献目録がある。その中に『花さきぢゝ老楽のゐいぐわ』『枯木に花咲かせ親仁』『めいよの翁』『花さきぢゝい（題簽《だいせん》なし）』の四書が登録されている。さらに、曲亭馬琴の随筆『燕石襍《えんせきざっ》志《し》』（文化八年）巻之四「猴蟹合戦」の部分に、「この余《よ》宝暦明和の間再刻するところの絵草紙、桃太郎、舌切雀、兎大手柄《ウサギオホテガラ》、花咲爺《ハナサキチヽ》、浦島太郎等の数本あり。原是《モトコレ》江戸大伝町《(ママ)》書肆《ショシ》鱗形屋《ウロコカタヤ》の蔵版なりしを、伯労《ハクロウ》町なる書肆西村永寿堂うけ蔵《オサ》めて今なほ年々《トシ〳〵》に発行《タコウ》す」と記されている。したがって、「花咲爺」などの絵草子は宝暦・明和の頃（一七五一〜七一年）に鱗形屋で再刻され、文化八年（一八一一）に至っても毎年刊行されている、と理解してよいだろう。また、文化九年には、式亭三馬が『赤本再興花咲爺』を出版している。赤本は、木版による墨一色摺り、毎丁《ちょう》（袋綴じにした一枚）画と文からなる読み物で、文章もほとんど仮名のみである。刊年の記載がなく、今のところ年代のわかる上限は延宝六年（一六七八）といわれている。

私が調べることのできた範囲で「花咲爺」の犬の部分を紹介しよう。まず、年代の明白な曲亭馬琴の『燕石襍志』（文化八年）には、「童話《わらべものがたり》に云く、老《おいたる》夫婦慈悲をもて旨とするありけり。養《かひ》たる犬の趺《つまづ》くところを掘りて、思ひもかけず金を得てき」とあり、「犬」の名前はない。次に『日本国民童話十二講』の附録に、「雛迺《ひなの》宇《う》計《け》木《ぎ》」に収録された「花咲老夫」がのっている。

昔々或片田舎ニ貧シク暮セドモ正直ナル老夫婦《ヂヽイバヽア》ノ夫婦アリ。一疋ノ犬ヲ飼ヒケルガ、小犬ノ内ヨリ朝夕情ヲ掛ケレバ、此ノ犬自然ト夫婦ノ者ノ如ク慕ヒ、能ク云フ事ヲ弁ヘケリ。或日彼ノ斑犬《マダラ》老夫ガ裾ヲ嚙《クハ》ヘ（略）門ノ木ノ下ヘ連レ行キ、足ニテ掘ル真似ヲ為ルユヱ、仔細アラント其ノ所ヲ掘リケルニ、金銀数多出デケルトゾ。此ノ様子ヲ隣ニ住ミケル貪慾老夫婦《ヂヽイバヽア》竊《ヒソ》カニ見ルヨリ大イニ驚キ、咄哉《イデ》我モ彼ノ犬ヲ借リ請ケテ、黄金ノ蔓ヲ掘リ当テント、正直老夫ガ家ニ到リ、斑《ブチ》ヲ借リテイヤガルヲ無理ニ連レ行キ、（略）

「二疋ノ犬」「小犬ノ内ヨリ」「斑犬《マダラ》」「彼ノ犬」「斑《ブチ》」と犬が出てくるが、「斑」は模様か名前か判然としない。毛並は「マダラ」「ブチ」である。

附録には「童話長篇」所収の「詠花咲爺長歌并短歌」もあり、「小斑の犬」「ぶち犬」がみえる。

新玉の　月日重ねて　真玉つく　小斑《をぶち》の犬を　飼ふをぢの　鋤手に持ちて　さ山
田のしゝ田かへすと　玉ぼこの　道に出づれば　ぶち犬も　いや先き立ちて
（略）あらがねの　土を爪もて　はらゝかし　こゝ掘らさねと　搔き搔けば（略）

一方、『岩崎文庫貴重本叢刊〈近世編〉第六巻 草双紙』（東洋文庫・日本古典文学会監修編集 昭和四十九年）には、冊子本「枯木花《かれきにはな》さかせ親仁《ぢ》」の複写がある。

中むかしの事なるにあるいなかに 正じきぢゝばゝとけんどんぢゝばゝとすみけり 正じきばゝ川へせんたくに出けるが 折ふし川上より ちんころ一疋ながれくる 正じきばゝふびんにをもひ かのちんころをひろいつれかへり かあいがりそだてけり（略）ちんころ大きくなりぢゝばゝになつき あるときいぬがいふやう こゝをほつてみ給へとてをしへけり（略）

「ちんころ一疋」「ちんころ大きくなり」「いぬがいふやう」と出てくる。ここの「ちんころ」は犬の種類ではなく、子犬のことである。大きくなって「ここを掘ってみ給へ」と教えるのである。これは絵本であって絵がある。冒頭の一丁表《おもて》は子犬のとき、一丁裏《うら》と二丁表は成犬である。いずれもぶち犬である。

文化九年には式亭三馬が補綴《ほてい》した『赤本再興 花咲《はなさき》ぢゝ』がある。これは「もも太郎 花さきぢゝ 鼠のよめ入都合三組」（伏稟）という三本からなる合巻《ごうかん》の一冊で、東京大学総合図書館にある。

むかし〳〵片山里に　正直正兵衛正直おなほといふ夫婦のものありけりじひふかくこゝろすなほなるゆゑ　此ふたりを正直ぢゝ正直ばゝと名をよびけるが福といふ犬をかひおきて　夫婦ちやうあいし福もよくなじみしたがひける　福こい〳〵（略）

犬の名は「福」で犬の絵にぶちはない。白色か一色と考えられる。「花咲爺」でみるかぎり、犬の名前は「ぽち」ではない。

そこで「ぽち」の使用例をさがしてみた。私の調べたところでは、明治十九年九月の文部省編輯局蔵版の『小学校教科書　読書入門』の第十九課にあるのが早い。

ポチ　ハ、スナホナ／イヌ　ナリ
ポチ　ヨ、コイ〳〵、ダンゴ　ヲ　ヤルゾ。／パン　モ　ヤルゾ。

小学生用の教科書に犬はしばしば登場するが、名前が明記されたのはめずらしい。次に登場するのは「ぶち」で、明治二十年五月文部省総務局図書課蔵版の『小学校教科書『尋常小学読本』巻之一第二十課で、猫の「みけ」と対照させている。

こゝに、ちん と ねこ と がゐます。猫 は、くろ 白 赤 の、三色 の 毛 ある 故に、みけ と いひます。ちんは、白い 毛 と くろい 毛 と、まじりて 居ますから、ぶち と いひます。

さらに、今日なら猫の名と考えられる「玉」が犬の名として登場する。新保磐次《しんぼういわじ》著『日本読本第二』（明治二十年 金港堂蔵）に、「玉 ハ 好イ 犬、帽子 ヲ カムレ」と出てくる。そしてその後に冒頭に紹介した石原和三郎《いしはらわさぶろう》作歌の「はなさかぢぢい」に「ぽち」が出現するのである（注）。

次に「ぽち」が登場するのは、明治三十七年から使用された文部省著作の国定教科書『尋常小学読本』（イエスシ読本）巻二である。

コノ イヌ ハ、ジロー ガ、トナリ ノ ウチ カラ、モラッタ ノ デス。ナハ ポチ ト イヒマス。

ジロー　ハ、タイソー、ポチ　ヲ　カハイガリマス。
ポチ　モ、タイソー、ジロー　ニ　ナレテキマス。

挿絵には縁側に腰かけた次郎の前に、ぶち犬が座っている。

明治四十四年になると、文部省著作の『尋常小学唱歌』第一学年用に「犬」という歌がのる。

一、外《そと》へ出《で》る時《とき》とんで来《き》て、追《お》つても〳〵附《つ》いて来《く》る。ぽちはほんとにかはいいな。

二、内《うち》へ帰《かへ》ると尾《を》を振《ふ》つて、袂《たもと》に縋《すが》つて嬉《うれ》しがる。ぽちはほんとにかはいいな。

この唱歌の国定教科書の緒言には「本書ノ歌詞中、尋常小学読本所載以外ノモノニ就キテハ、修身・国語・歴史・地理・理科・実業等諸種ノ方面ニ渉リテ適当ナル題材ヲ求メ、文体用語等ハ成ルベク読本ト歩調ヲ一ニセンコトヲ期セリ」とあり、「ぽち」の名は『尋常小学読本』にそろえたのであろう。そして昭和六年まで使用され、昭和七年からは『新訂 尋常小学唱歌』となったが、やはりその第一学年用に採用された。

ノデス。ナ ハ ポチ ト イ
ヒマス。
ジロー ハ、タイソー、
ポチ ヲ カハイガリ
マス。
ポチ モ、タイソー、ジロー ニ
ナレテヰマス。

『尋常小学読本』(「イエスシ読本」明治37年)。挿絵に描かれた愛犬「ぽち」には斑がある。

国語の国定教科書も、第三期の『尋常小学　国語読本』（大正七年から使用／ハナハト読本）に、第四期の『小学国語読本』（昭和八年から使用／サクラ読本）に、第六期の『こくご』『国語』（昭和二十二年から使用／みんないいこ読本）に「ポチ」あるいは「ぽち」で登場する。それも「花咲爺」の童話とは関係なく使用されている。

雪　ヨ、フレ、フレ。／ポチ　ヨ、トンデ　来イ。
ハタケ　モ　マッ白、／ミチ　モ　マッ白。
マッ白ナ　中　ヲ、／ハシッテ　イカウ。
（『小学国語読本』巻二十五　雪ヨフレフレ）

この挿絵は、男の子とぶち犬の走る姿である。その次に「十六　花サカヂヂイ」が続いて出てくるが、犬の名前はなく、おじいさんと白犬の絵になっている。

「ぽち」の語源

「ぽち」が辞書に登録されるのはいつか、と調べても、明治時代には見あたらない。

昭和十一年に平凡社から刊行された『大辞典』にようやく出てきた。

ポチ　ぽち　①小さい点。小さい物が孤独なる様にいふ語。ほし。ちょぼ。ぽっち。

②犬などの小さい動物に名づける名称。『宅のぽちはよく、吠える』

③宿屋・料理屋などの雇人、芸者・茶屋女などに与ふる祝儀。上方語。はな。チップ。纏頭。『ぽちをやる』『ぽち袋』

『大辞典』では、小さい犬の意と解釈している。

一方、外来語辞典をみると、こちらも登録されるのは新しく、楳垣《うめがき》実編『増補　外来語辞典』（昭和四十七年　東京堂出版）が早い。

ポチ〔英　spottie〕犬の呼び名。〈英　spot は「点」の意で、spottie はその愛称的指小辞のついた形。犬の名としてよく使われる。それが借用されたものと思われる〉明治

吉沢典男《のりお》・石綿敏雄《いしわたとしお》編『外来語の語源』（昭和五十四年　角川書店）には、

ポチ〔英 spottie〕犬の愛称。特に小犬につけられる。〈明治〉参考 spottie（チビ spot（点）の愛称）の邦転形。

と記されている。

「ぽち」が犬の愛称であること、明治生まれの日本語であることは確実であるが、小犬であるかどうかは疑問である。第一期国定教科書にみえる「ぽち」の絵は「ぶち犬」である。赤本『枯木花さかせ親仁』の犬も「ぶち犬」である。子犬だけをさしてはいない。「ぶち」「まだら」の意味の「ぽちぽち」が起源とも、点々の意味の spotty〔スポッティ〕からとも考えられる。またフランス語の petit〔プティ〕からとも、英語の pooch〔プーチ〕（犬・アメリカの俗語・雑種犬）からとも考えられる。しかし、明治時代に spotty, petit, pooch の借用語と考えられる用例は、発見されていない。したがって、今のところ「ぽちぽち」が、起源なのではないかと考えられる。あまりにも日常語であって記録されないためか、起源を示す使用例をさがすのに苦労した。今後、子ども用の絵本を調査する必要がある。

また「ぽち」は国語と唱歌の教科書によって普及した結果、隠語としても使われた。

①祝儀袋のこと。（略）②看守のこと、犬の名を以て番犬の意をあらわしたもの。

（『語源明解　俗語と隠語』渡辺善彦　昭和十三年　桑文社）

看守巡査。番犬になぞらえて呼ぶ。

（『警察隠語類集』警視庁刑事部編　昭和三十一年）

「ポチ」というのは自分自身のいうことを何でもハイ、ハイ、と素直にきく従順なる犬（客）のことを指していう。

（御木歳三『不動産屋の手口とやり口』平成七年　日本実業出版社）

ぽちのような客にならないように、私たちは自分自身の主義主張をもち、人生を開拓していきたいものである。

［付記］二〇一四年（平成二六年）七月、仁科邦男『犬たちの明治維新　ポチの誕生』（草思社）が刊行された。本書の単行本版『明治生まれの日本語』（二〇〇二年、

淡交社）の「ぽち」を引用し、飛田良文「日本語の『ぽちぽち』起源説」として紹介した上で「ポチ、patch（パッチ）説」を主張している。参照されたい。

（注）淡交社版刊行後、小説の用例が見付かったので紹介する。

巌谷小波著『新知事』（明治三十一年一月発行　春陽堂）に、

別に怪しい者とも思はれないから、お慶《よし》はやがて木戸から出て、

『ポチー、ポチー』

と高く呼んだ。

ポチと呼ばれて犬は、吃驚《びっくり》して振り向いて、直《す》ぐにお慶《よし》の側《そば》へ

飛んで来たが、（略）

と、ポチとポチーが見え、石原和三郎作歌の「はなさかぢぢい」の「ぽち」よりも早い。

また、二葉亭四迷の『平凡』（明治四十一年三月発行　文淵堂書店・如山堂書店）にも、

ポチが出現する。

（略）其中《そのうち》に小狗《こいぬ》も獨寝《ひとりね》に慣れて、夜も啼かなくなる。と、逐出《おひだ》す筈の者に、如何《いつ》しかポチといふ名《な》まで附いて、（略）（十三）

と、何回も使用されている。

より…

転用語

「より早く、より高く」は、昭和三十九年に開かれた東京オリンピックのスローガンであった。しかし、この副詞「より」ということばの成り立ちについては二つの説がある。一つは欧文の翻訳によって生じた直訳語とするもの。もう一つは「これより」「それより」の「これ」「それ」が省略された形とするものである。

国語辞典をひくと、前者の説は明治四十五年刊の『大辞典』にみえる。

より〔接尾〕西洋文ノ読ミ方、特ニ英語 Than ハ er ヲ翻訳シタノニ本ヅイタ語。スベテ、それよりもノ意ヲ示シテ形容詞ニ接スル語。——「より大キイ」。「よりオソロシイ」

後者は昭和十年刊の『大言海』にみえる。

より　コレより、ソレよりノ略。「より長キ間」（多ク外国語ノ翻訳ニ用キル）

この現象について最初に指摘したのは大和田建樹《たてき》の「moreを『より多く』と読まするも一句調を為すに至らんとす」（「文体の一致を論ず」『国会』明治二十四年）ではないかと思う。

そして明治三十九年には磯辺弥一郎《いそべやいちろう》が、「形容詞に関して今一つ目立つ英語の感化は形容詞の比較級である、近頃の国文には、『より少き』『より多き』など丶故《ことさ》らに『より』を附するものが珍らしくない」（「国文に及ぼせる英語の感化」『文章世界』）と述べており、明治二十年代から三十年代にかけて一般化したものと想像される。

明治三十四年六月十日に発行された雑誌『帝国文学』の「美妙氏に望む」という記事では、二つの文章中に「より多く」が六回も使われている。

如何なる文体を問はす、既に称して文章といふ以上は、日常の口語に比して、より多く醇化せられ、より多く洗練せられ、より多く整備せられたる者ならさるべからす。従て其製作に際しては、談話の場合よりも、より多くの苦心、より多くの商量、より多くの意匠を要するは蓋し明白也。

この『帝国文学』は、東京帝国大学文科大学の井上哲次郎《てつじろう》、上田万年《かずとし》、高山樗牛《ちょぎゅう》、上田敏らが組織した帝国大学会の機関誌で、当時のエリートが意見を発表する雑誌だった。

一方、小説に目を向けると、次の例のように、会話のなかに使用されながら、一般化したことが知られる。

俊三は更に右手《めて》で犬の頭《かしら》を撫でゝやりながら『（略）吾輩は「自然」にヨリ近い貴様達から、大教訓を受けたいと思って居るのだ、（略）』（木下尚江『小説　良人の自白』中篇　明治三十七年）

「僕には両方共面白いが、接吻《キッス》の方が何だかより多く純粋で且美しい気がしますね」（夏目漱石『行人』大正元年）

明治時代の英語教育

では、磯辺弥一郎の指摘する「英語の感化」というのは何をさしているのであろうか。明治初年に外国語教育をおこなっていた教育機関は、大学南校（東京大学の前身）と慶応義塾をはじめとする私塾であった。私塾については明治四年の『新聞雑誌』五号に記事がのっている。その「三月中東京府私塾幷生徒数」によると、十六の私塾のうち福澤諭吉の塾が三百三十三名の学生を受け入れ、他を圧倒する人気を誇っている。福澤は欧米を巡遊し、見聞にもとづく西洋の政治、風俗、経済制度などを著書『西洋事情』（慶応二年〜明治三年）で紹介し、その名が知られていたからであろう。

大学南校には英科と仏科があり、コースには正則《せいそく》と変則があった。正則生は外国人教師に就き韻学《いんがく》会話からはじめ、変則生は日本人教官から訓読解意を学んだ。「大学南校規則」第七条には「初学ニシテ独見シ能ハサル者ハ素読ヲ授ケ教官之ヲ教授スヘキ事」とある。授業は素読《そどく》、つまり内容を理解するのではなく、ただ音読するだけであった。

私学の慶応義塾の授業も同様に、素読を中心とするものであった。「社中に入り先づ西洋のいろはを覚へ、理学初歩歟《か》又は文法書を読む。此間三ヶ月を費す。三ヶ月終て地理書又は窮理書一冊を読む。この間六ヶ月を費す。六ヶ月終て歴史一冊を読む。此間又六ヶ月を費す。右何れも素読の教を受く」（「慶応義塾新議」明治二年）。
アルファベットの次に文法書を読むのだが、大学南校はクワッケンボスの小文典と大文典、慶応義塾ではピネヲのプライマリー文典を使用した。授業は素読であったから、単語の発音と意味を示した、今日でいう学習参考書がどうしても必要であった。それが南校では『格賢勃斯（クワッケンボス）英文典直訳』（大学南校助教訳　明治三年）、慶応義塾では『ピネヲ氏原板英文典直訳』（永嶋貞次郎訳　明治三年）であった。『格賢勃斯（クワッケンボス）英文典直訳』の第三十八課には形容詞の比較級が扱われている。

比較ノ楷級ハ定メの楷級に er,ト云フ字ヲ添ユルコトニ因テ造ラル、而シテ最楷級ハ定メノ楷級ニ est,ト云フ字ヲ添ユルコトニ因テ造ラル、
tall《長ケ高キ》, taller《ヨリ高キ》, tallest《最モ高キ》; tender《軟カナル》, tenderer《ヨリ軟カナル》, tenderest《最モ軟カナル》.　ノ如シ

このようなふりがなの部分に「ヨリ高キ」「ヨリ軟カナル」と「ヨリ」を用いてい

る。

慶応義塾読本の『ピネヲ氏原板英文典直訳』も第百四十八課に定級・比較級・最上級の記述がある。原文と直訳文とを対照すると図のようになる。これもまた、比較級の訳語は、すべて「ヨリ」になっている。

国立国会図書館に所蔵されているクワッケンボスの英文典直訳、あるいは英文典独案内も明治三年から二十一年にかけて十冊、またピネヲの英文典直訳及び英文典独案内も明治三年から二十年までの間に九冊出版されている。これら両書の比較級は、ほとんどが「ヨリ」になっていて、明治二十年のものに「尚ホ」が若干みられる。明治初年の訳語は圧倒的に「ヨリ」であった。

また、これらの規定がどれほど感化を及ぼしたかを、リーダー（読本）について調べてみると結果は同様である。明治十八年八月から三十五年にかけて刊行された『ニューナショナル第一リードル』二十七種類のうち十五種類が「ヨリ」、「尚ホ」が四種、「早ク」が二種、「疾ク」が一種となっている。［註］

「より…」の定着する有様は、これら学習参考書の訳語と前述の論説・小説の用例、そして辞典の見出しに登録された時期とが、一致するのである。以上から「より高く」「より早く」の「より」が英文典の比較級の訳語を媒介として普及したことは確

『ピネヲ氏原板英文典直訳』の原文と直訳文の対照

Pos.	Com.	Sup.	定級	比較級	最上級
Good	better	best	善キ	ヨリ善キ	最モ善キ
Bad	worse	worst	悪キ	ヨリ悪キ	最モ悪キ
Ill	worse	worst	悪キ	ヨリ悪キ	最モ悪キ
Much	more	most	多キ	ヨリ多キ	最モ多キ
Many	more	most	多キ	ヨリ多キ	最モ多キ
Late	later	latest, or last	遅キ	ヨリ遅キ	最モ遅キ
Near	nearer	nearest, or next	近キ	ヨリ近キ	最モ近キ
Little	less	least	少キ	ヨリ少キ	最モ少キ
Old	older	oldest	年長ケタル	ヨリ年長ケタル	最モ年長ケタル
	elder	eldest		ヨリ年長ケタル	最モ年長ケタル

実であり、「これより」「それより」の「これ」「それ」の省略説は誤りということになる。

ただ、大学南校助教と永嶋貞次郎《ながしまていじろう》が、同時に「より」を比較級の訳語としたのには、何か理由があるのではなかろうか。二人が学んでいたであろう江戸時代の外国語教育はオランダ語であったはずだ。

日本人による最初の蘭文典『和蘭語法解《オランダごほうげ》』(文化二年)には、

witter より白/langer より長/karteer より短/kouter より寒/heeter より熱

とある。二人は、これをまねたのであろう。しかし、この蘭文典にみえる「より」が、「より高く」「より早く」の「より」と同じだと認めることはできない。『和蘭語法解』の「比階」の例文には、次のように書かれているからである。

彼ハ ナリ 小 より 彼 兄

hij is kleiner dan zijn broeder.

この翻訳文は「彼ハ彼ノ兄より小ナリ」になっている。江戸期の「より」は「AはBより小なり」という格助詞だったのである。

したがって「より…」の副詞「より」は、二人の訳者が蘭文典の定級、比較級、最上級の表示のうち、比較級の「より白」「より短」などをまねて、英文典直訳の比較級の訳語に利用し、一方学生たちは、比較級は「より…」だと思って丸暗記したところから誕生した。つまり副詞「より」は、英語を学習した明治期の知識人による造語だったのである。

では、この「より」が普及する以前に、比較級に相当する日本語はなかったのかというと、定級の「高い」と最上級の「最も高い」の二段階だけであった。

英語を学んだ大学出の人々はこぞって「より…」を使い、新しい文章をめざす文章改良の風潮に便乗したのである。それは知識人であることを示す方便でもあった。帝国大学出身者の雑誌『帝国大学』に多くの例がみられること、夏目漱石が英文学者であったことを思い出していただきたい。

大正十年には、東京大学英文科中退の里見《さとみ》弴《とん》が「彼の日記のはうが、より本当のことであるやうに私を説伏する力をもってゐるとは」と、「より」が「本当」という名詞を修飾する例を記している。

註――詳しくは、拙著『東京語成立史の研究』語彙 第六章「比較級の訳語『より』の成立」を参照されたい。

個人

新造語

「私個人といたしましては…」、「個人的なことですが…」、「あいつは個人主義で困る」など、個人ということばは現在、日常一般に使われている。しかし、この単語の歴史は単純ではない。

小学館の『日本国語大辞典』二版をひくと、明治二十七年の例がもっとも早く、補注に「『個人』が一般に用いられる以前には、『一個人』『各個人』という例が多くみえ、『一個人』『各個人』が省略されて『個人』となったと思われる」と記されている。

そこで、「個人」と「一個人」が同じ意味なのかどうかを確かめるために、専門辞書『哲学字彙』の individual をひいてみた。

初版(明治十四年)各自、個体

再版(明治十七年)各自、個体、一個人

三版（明治四十五年）各自、各個、個体、個人

初版に増補された訳語が「一個人」（再版）、「個人」（三版）と変化している。そこで、再版の明治十七年以降の英和辞典の訳語を調べてみた。

Individual man　一個人（『ウェブスター氏新刊大辞書　和訳字彙』明治二十一年）

Individual, a.　①分ツベカラザル（略）②一個人ノ、一個物ノ、——, n. 一個人、一個物。（『英和新辞林』明治二十七年）

Individual, a. ①個々ノ（略）②一個人ノ（略）——, n. 一個人、一個体、一個物。（『新訳　英和辞典』明治三十五年）

individual, I a. ①一個ノ、一個人ノ（略）—— II n. 一個人、一個物（略）（『詳解　英和辞典』明治四十五年）

明治二十年代からずっと「一個人」になっている。そして、大正時代に入って、やっと訳語「個人」が現れる。

Individual, a. ①一個ノ、個々ノ、個別ノ。②個人ノ、個体ノ、個物ノ。——, n
個人、人、一個ノモノ、個体、個物。（『新撰英和辞典』大正二年）

国語辞典に「個人」の見出しが登場するのは、明治四十年刊の『辞林』からである。

こじん〔個人〕国家又は社会等に対して、個々別々の人の称。一個人。

この説明の中にも「一個人」があり、両者は同義語として、かなり一般化していたものと思われる。森鷗外の『文づかひ』（明治二十四年）に、そのようすがみてとれる。

大隊長は四十の上を三つ四つも踰《こ》えたらむとおもはるゝ人にて、髪はまだふかき褐いろを失はねど、その赤き面を見れば、はや額の波いちじるし。質樸なれば言葉すくなきに、二言三言めには、「われ一個人にとりては」とことわる癖あり。

「一個人」が目につくのは明治初年からで、明治五年の加藤弘之訳『国法汎論』巻九上には、「国家ノ権ト一個人ノ信神心トノ関係如何」と使用され、国家と一個人とが対比され、「一個＋人」の意味で使われている。『万法精理』巻三十（明治八年）の「童子ニ至テハ未ダ一個人ニアラズ」も同様に、子供は大人として扱えないの意味に解することができる。坪内逍遥の『一読三歎　当世書生気質』第九回（明治十八年）には「万国公法があらうが何があらうが、まだ〳〵道理ばかりでは勝つことができんワイ。国と国との間の事は元来《もとより》論ずるまでもないが。一個人《いっこじん》の場合じゃからッて。矢張《やっぱり》腕力が勝《かち》を得《う》るぞ」とあり、「いっこじん」のふりがながあるが、やはり一個の、人と人との関係と考えられる。

しかし、明治二十年二月に新島襄が徳富蘇峰の『将来之日本』三版に書いた序では、意味が変わっている。

詳ニ古今ノ沿革ニ徴シ、苟モ天意ノ存スル所万生ノ望ム所、早晩平民主義ヲ以テ世界ヲ一統スベク、之ニ抗スルモノハ亡ビ之ニ順フモノハ存シ、一国民一個人ノ克ク其ノ勢ニ激シ其ノ力ニ敵ス可ラザルヲ説キ（略）

「一国民一個人」の「一個人」は「一＋個人」の意と理解できるのではなかろうか。「個人」が単独で使われた例は、『日本国語大辞典』二版の指摘する、馬場《ばば》孤蝶《こちょう》「流水日記」（明治二十七年）の、「人類は永遠に存在すべきも、個人は確かに朽つるものなるか」が早く、人類と個人を対比している。明治三十一年八月二十九日には、須崎《すざき》黙《もく》堂《どう》が『大阪朝日新聞』に「社会観」を発表し、社会と個人とを対比させている。

> 自由の政《まつりごと》は直接に民人の幸福に関する幾多の事項を挙げて、之を各自の経営に推委すれども、個人が独立自営する能はず、必らず一般の力を藉《か》りて整理せざるべからざるもの、専制々度の下《もと》に於けるより減少したりと謂ふにあらず、単に国家の手を離れて社会に移されたるのみ、

「個人」という単語の誕生には、まだ不明な点が多いが、中国で出版された英華辞典の影響が大きいようである。ロブシャイド原著・井上哲次郎訂増の『訂増　英華辞典』（明治十六年）には、

> Individual, a Single, 一、単、独：an Individual man, 一個人（略）

Individual, n. A single person, or human being, 独一个人、独一者（略）

とあり、原著にも an individual man に「一個人」a single human being に「独一个人」「独一者」という訳語がある。先述の『ウェブスター氏新刊大辞書 和訳字彙』（明治二十一年）の訳語「一個人」は、これに従ったものであろう。また、「独一个人」の「个」は「箇」「個」と同じで、メドハーストの著した二巻本の英華字典（*English and Chinese Dictionary*. 1847）に、

a single person　単身独形、独一個人、人家

と記されているのと同じである。

この「独一個人」は、福澤諭吉がギゾーの『ヨーロッパ文明史』を下敷きにして、日本の将来を展望した『文明論之概略』第九章（明治八年）に使用されている。

日本ノ武人ニ独一個人ノ気象（インヂウキヂュアリチ）ナクシテ、斯ル卑劣ナル所業ヲ恥トセザリシ事ナリ（略）

日本ノ人間交際ハ、上古ノ時ヨリ治者流ト被治者流トノ二元素に分レテ、権力ノ偏重ヲ成シ、今日ニ至ルマデモ其勢ヲ変シタル事ナシ。人民ノ間ニ自家ノ権義ヲ主張スル者ナキハ固ヨリ論ヲ竢タズ。（略）乱世ノ武人義勇アルニ似タレトモ、亦独一個人ノ味ヲ知ラズ。

individualityの翻訳語として「独一個人」を用いて、交際（＝社会）と人民との関係、人の権義（＝権利）について論じている。これらのことから、「独一個人」→「一個人」→「個人」へと短縮されていったことがみてとれよう。

しかし、「個人」という表記じたいは古く、別の種類の文献に出てくる。江戸時代に幕府が秘蔵し一般には見られなかった『諳厄利亜《アンゲリア》語林大成』（一八一四／文化十一年）の次の記事である。

persons. 個人《二個人以上ヲ指ス》

また『俗語訓訳　支那小説辞彙』（明治十一年序）にある記述である。

個《コ》　一ツト云フ事ナリ、有二リ個人一、有二リ個家一、ナド云フハ、一ノ字ヲ略セルナリ、即チ一人一家ト見做スベシ
一個《イッコ》　一ツト云フ事
一个《イッカ》　一個と全ジ　一个ノ大漢ナド、云フ

前者の個人は、persons と複数になっており、「二個人以上ヲ指ス」と説明されているので、「二個＋人」の意味であって、後者と同様に、「一」や「二」の字を略した部分を記したと考えてよいのではなかろうか。

個人主義思想の移入

「個人」という語が普及したのは、自我・自己を主張する思想の移入と無関係ではなかった。明治初年は、ギゾーの『ヨーロッパ文明史』など、文明開化の方向で、国家・社会との関係が論じられたが、明治二十年代に入ると、イプセンやニーチェの個人主義 individualism の思想が輸入され、「個人」の使用率が上がってくる。石川啄木は、その第一声は高山樗牛だという。

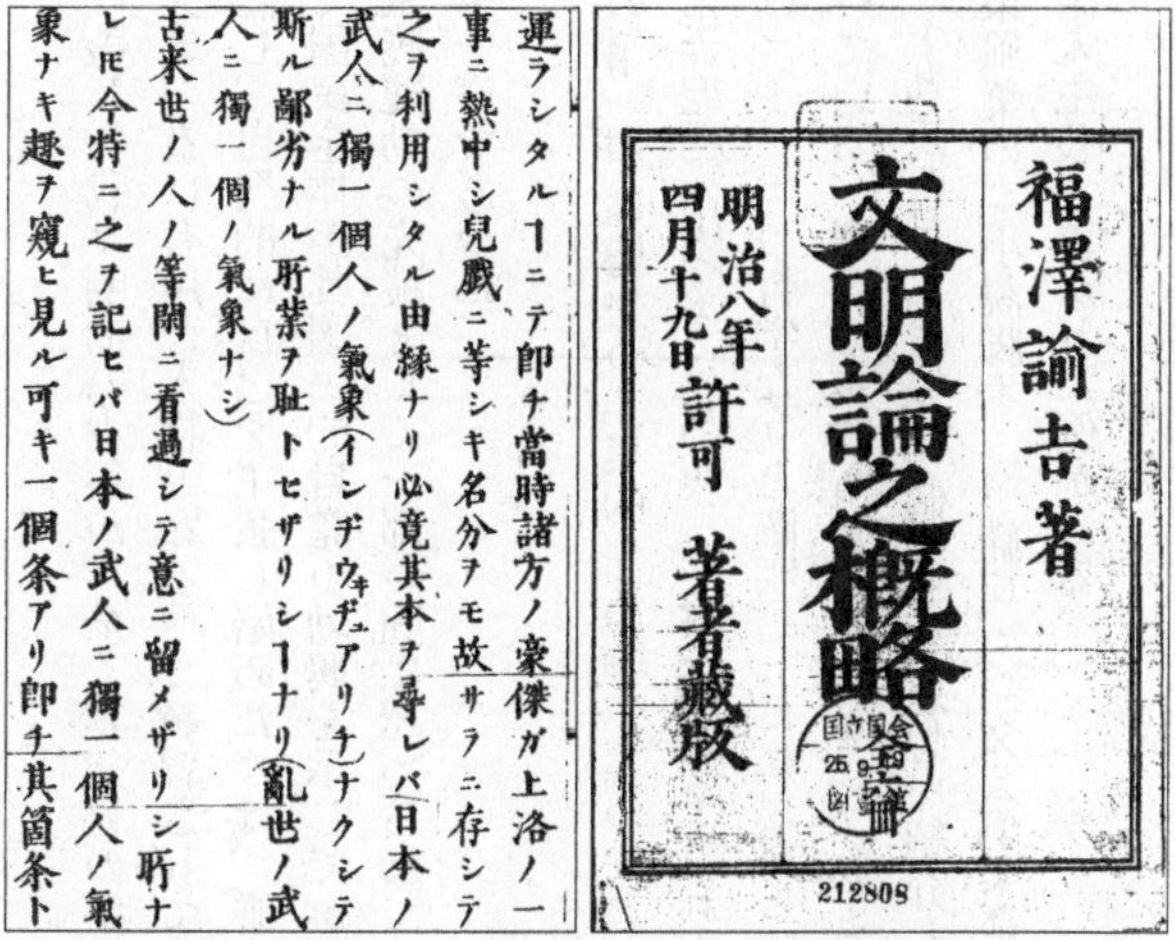

運ラシタルヿニテ即チ當時諸方ノ豪傑ガ上洛ノ一事ニ熱中シ兒戯ニ等シキ名分ヲモ故サラニ存シテ之ヲ利用シタル由縁ナリ必竟其本ヲ尋レバ日本ノ武人ニ獨一個人ノ氣象（インヂウヰヂュアリチ）ナクシテ斯ル鄙劣ナル所業ヲ耻トセザリシヿナリ（亂世ノ武人ニ獨一個ノ氣象ナシ）

古来世ノ人ノ等閑ニ看過シテ意ニ留メザリシ所ナレ𪜈今特ニ之ヲ記セバ日本ノ武人ニ獨一個人ノ氣象ナキ趣ヲ窺ヒ見ル可キ一個条アリ即チ其箇条ト

福澤諭吉著

文明論之概略

明治八年四月十九日許可　著者藏版

福澤諭吉『文明論之概略』（明治８年）における「独一個人」の用例。

蓋し、我々明治の青年が、全く其父兄の手によつて造り出された明治新社会の完成の為に有用な人物となるべく教育されて来た間に、別に青年自体の権利を識認し、自発的に自己を主張し始めたのは、誰も知る如く、日清戦争の結果によつて国民全体が其国民的自覚の勃興を示してから間もなくの事であつた。既に自然主義運動の先蹤《せんしよう》として一部の間に認められてゐる如く、樗牛の個人主義が即ち其第一声であつた。（「時代閉塞の現状」明治四十三年）

その第一声は樗牛の「美的生活論」であったことを、長谷川天渓《てんけい》が、「高山氏が『美的生活論』出づるに及んで、登張竹風子これを以て新学風の鼓吹と見做し、その本源はニーチエの哲学なりと闡明し」（「新思潮とは何ぞや」『太陽』明治三十五年三月）と述べている。樗牛の実弟斎藤野《さいとうの》の人《ひと》も「イプセンとは如何なる人ぞ」（『東亜之光』明治三十九年七月）を書き、個人主義思想を紹介している。

小栗風葉の「小説脚本　予備兵」（『文芸倶楽部』明治三十七年三月）には、個人主義が箇人主義と書かれた例がある。

お咲　兄さん、（略）是、何《ど》うです、這麼《こんな》に搾《しぼ》れてよ。

俊郎　お、、これは素曠《はばら》しく搾れたね。那《あ》の三号の白牛は、咲ちやんが不断可愛がつてやるから、それでお礼心に這麼《こんな》に搾らすのだらう。

お咲　いえ、可愛がつてやるから搾らすのぢや無いわ。這麼《こんな》に搾らすから可愛がつてやるのよ。

俊郎　ぢや、搾らさ無きや可愛がつてもやらないのだね。可恐《おそろし》く箇人主義《こじんしゅぎ》だ。

（略）

ここでは、利己主義、自分勝手の意味で使われている。現代につながる個人主義の問題点が、暗示されているのではなかろうか。

権利

転用語

「権利」という漢語は、中国の戦国時代（紀元前三世紀）に著された『荀子』の勧学《かんがく》篇に、すでにみえる。

学は其人に近づくよりも便《べん》なるは莫《な》し。（略）其の致《ち》に至るに及んでや之を好む、目之を五色よりも好み、耳之を五声よりも好み、口之を五味よりも好み、心之を天下を有《たも》つよりも利とす、是の故に権利も傾くること能はざる也、群衆も移すこと能はざる也。

（『国訳漢文大成』経子史部　八巻）

『史記』の鄭世家《ていせいか》第十二にも「太子公曰く、語に之れ有り、『権利を以て合ふ者は、権利尽くれば交疎《まじはりうと》し』と」（同前　一四巻）とある。いずれも権利と利益の意味で、今日私たちが使う意味とは異なっている。

国語辞典の見出しに今日の意味で「権利」が最初に登録されるのは、高橋五郎著『漢英対照いろは辞典』（明治二十〜二十一年）である。

けんり　権利、ちから、すぢ、わけ　Right, rights.

次にみえるのは大槻文彦著『言海』（明治二十二〜二十四年）である。

けんり　権利　身ノ分際ニ有《タモ》チ居テ事ニ当リテ自ラ処分スルコトヲ得ル権力（義《ギ》務《ム》ト対ス）

その次の山田美妙の『日本大辞書』（明治二十五〜二十六年）には次のように記されている。

けんり　権利［英語 Right ノ訳］字音。法律ノ語。身ニ備ヘ持ツ勢力。事ニ当タリ、其勢力ニ由ツテ、事ヲ処置スルコトノ出来ルモノ（義務ノ対）。

国語辞典には明治三十年から登録され、英語Rightの訳語で、法律分野の語と意識されていたことがわかる。英語Rightの訳語として使われた最初の確実な例は、日本人で法学通論を初めて書いた津田真道《まみち》の「泰西《たいせい》法学要領」第五節（慶応二年九月執筆）である。

右の如くドロワ《仏語》、ライト《英語》、レグト《蘭語》は、本来正直の義にて、我正大直方自立自主の理を伸る意を含む、然れ共諸国慣習の用例其義一ならず、大略左の如し

其一　義の対にして権と訳すべし、譬ば借金を負ふ人ハ之を償ふべき義あり、貸せし人ハ之を催促すべき権ある類なり、（略）

其二　分と訳すべし、人各分あり、譬ば父死して子嗣ぐハ子の分なり、売買ハ商の分、耕種ハ農の分にして、他人之を争ふべからざるが如し（略）

フランス語droit英語rightオランダ語regtの本義は「正直」であると訳している。大略は十項目に説明しているが、その一で対にしている「義」と「権」は「義務」と

「権利」、その二の「分」は権利があると解釈できる。そして津田真道は同書の第六節で、「古昔彼土に人奴あり、生殺与奪の権全く其主人に在りて、毫釐も権利を有《タモ》たず、禽獣草木に等しく、唯主人所持の一物耳」と述べ、「権利」の語を用いている。「生殺与奪の権」に対応するので right の意味にとってよいであろう。

次に福澤諭吉は明治二年刊の『西洋事情』第二編巻之一の例言に、「譬へば訳書中に往々自由《原語「リベルチ」》通義《原語「ライト」》の字を用ひたること多しと雖ども」と記し、right を「通義」と訳している。また、『学問のすゝめ』第三編（明治六年）には、「二編にある権理通義の四字を略してこゝには唯権義と記したり何れも英語の『ライト』と云ふ字に当る」とあり、「権理通義」も「権義」もライトの訳語としている。同書で福澤はこのほか「権理」と「権利」も用いている。

地頭と百姓とは有様を異にすれどもその権理を異にするに非ず。（第二編　明治六年）

近日に至り政府の外形は大に改りたれども、其専制抑圧の気風は今尚存せり。人民も稍権利を得るに似たれども、其卑屈不信の気風は依然として旧に異ならず。（第四編　明治七年）

訳語に苦労している福澤の心中が想像されよう。

西周《にしあまね》も、『永見本 百学連環《ひゃくがくれんかん》』（西の講義を永見裕が筆録した明治三年末からの原稿）第二篇中において「第八 The right of conquest. 権利 之 捷軍」と、right に権利の訳語をあてている。

なお、権利の語源については、石井研堂が「明治文明に鎔化した支那書其他」（『明治文化研究』四巻五号 昭和三年）の中で、明治の法典翻訳の大家箕作麟祥《みつくりりんしょう》が「支那訳の万国公法中に、ライトとオブリゲーションといふ字を、権利義務と訳してありましたから、其れをぬきましたので」と明治法学校で演説をしたことを紹介している。この点の考証は今後の課題としておく。

明治六年に啓蒙運動を推進すべく創設された明六社の機関誌『明六雑誌』（一号～四三号 明治七年三月～明治八年十一月）には、「権理」九十四例、「権利」六十二例というように多用され、時代を反映する用語として、一般化していく。

法学者の小野梓《あずさ》は、『共存雑誌』二号に「権理之賊」（明治八年）を書いた。

余熟々本邦近日ノ勢ヲ顧ルニ学者一タヒ口ヲ開ケハ即チ云権理自由。遂ニ張八モ

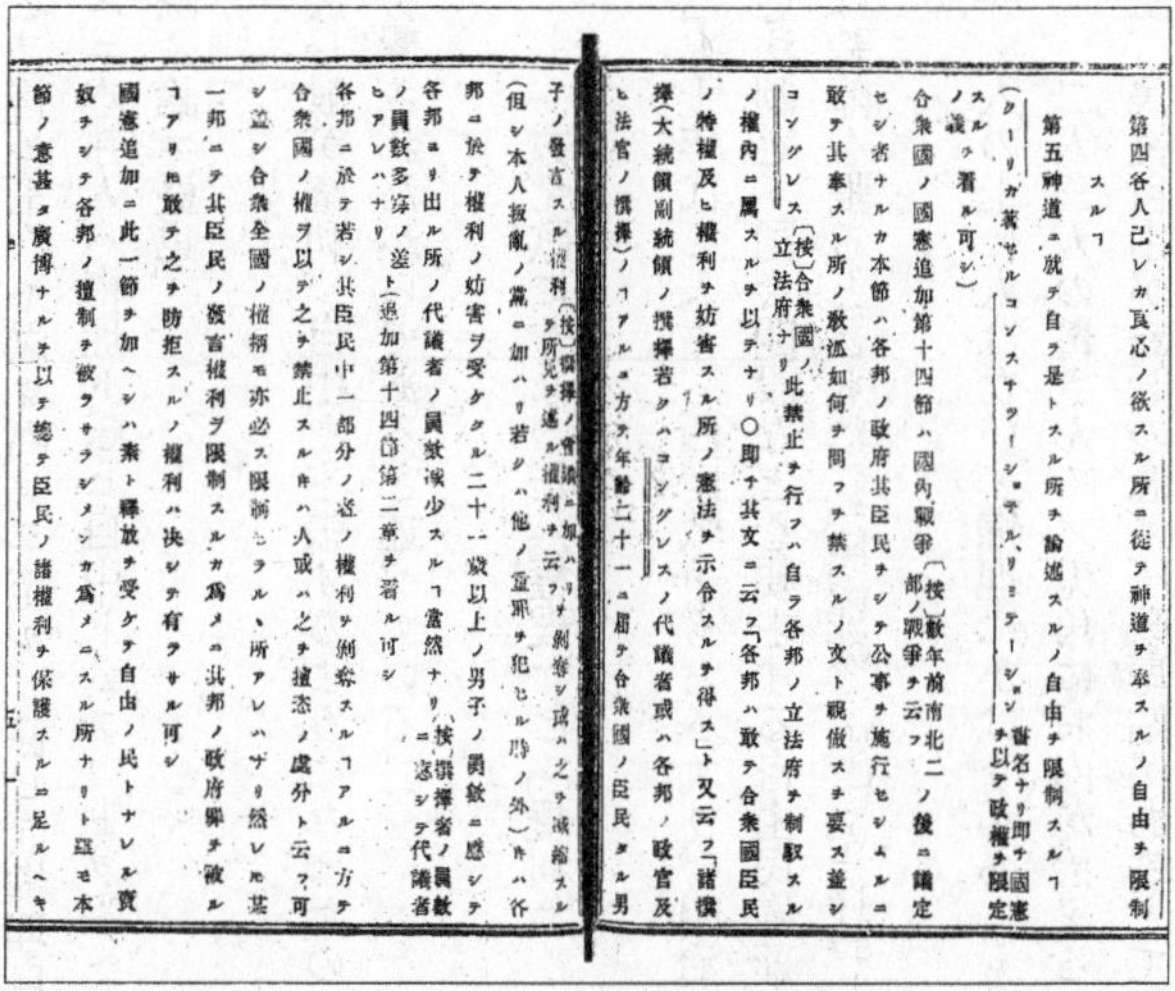
第四各人己レカ良心ノ欲スル所ニ従テ神道ヲ奉スルノ自由ヲ限制スルヿ

第五神道ニ就テ自ラ是トスル所ヲ論述スルノ自由ヲ限制スルヿ

(クーリカ著セルコンスチツーシヨーナル、リミテーシヨン書名ナリ即チ國憲ヲ以テ政權ヲ限定スルノ義ト看ル可シ)

合衆國ノ國憲追加第十四節ハ國内戰爭(按)數年前南北二部ノ戰爭ヲ云フノ後ニ議定セシ者ナルカ本節ハ各邦ノ政府其臣民ヲシテ公事ヲ施行セシムルニ敢テ其奉スル所ノ敎派如何ヲ問フヲ禁スルノ文ト覩做スヲ要ス並シコングレス(按)合衆國ノ立法府ナリ此禁止ヲ行フハ自ラ各邦ノ立法府ヲ制馭スルノ權内ニ屬スルヲ以テナリ○即チ其文ニ云フ「各邦ハ敢テ合衆國臣民ノ特權及ヒ權利ヲ妨害スル所ノ憲法ヲ示令スルヲ得ス」ト又云フ「諸撰擇(大統領副統領ノ撰擇若クハコングレスノ代議者或ハ各邦ノ政官及ヒ法官ノ撰擇)ノヿアルニ方テ年齡二十一ニ届テ合衆國ノ臣民タル男子ノ發言スル權利(按)撰擇ノ會議ニ加ハリテ所見ヲ述ル權利ヲ云フヲ剝奪シ或ハ之ヲ減縮スル(但シ本人叛亂ノ黨ニ加ハリ若クハ他ノ重罪ヲ犯セル時ノ外)トキハ各邦ニ於テ權利ノ妨害ヲ受ケタル二十一歲以上ノ男子ノ員數ニ應シテ各邦ヨリ出ル所ノ代議者ノ員數ヲ減少スルヿ當然ナリ(按)撰擇者ノ員數ニ應シテ代議者ノ員數多寡ノ差ヒアレハナリ」ト追加第十四節第二章ヲ著ル可シ

各邦ニ於テ若シ其臣民中一部分ノ者ノ權利ヲ剝奪スルヿアルニ方テ合衆國ノ權ヲ以テ之ヲ禁止スルトキハ人或ハ之ヲ擅恣ノ處分ト云フ可シ並シ合衆全國ノ權柄モ亦必ス限滿セラル、所アレハナリ然レトモ某一邦ニテ其臣民ノ發言權利ヲ限制スルカ爲メニ其邦ノ政府罪ヲ被ルヿアリトモ敢テ之ヲ防拒スルノ權利ハ決シテ有ラサル可シ

國憲追加ニ此一節ヲ加ヘシハ素ト釋放ヲ受ケテ自由ノ民トナレル黒奴ヲシテ各邦ノ擅制ヲ被ラサラシメンカ爲メニスル所ナリト雖モ本節ノ意甚タ廣博ナルヲ以テ總テ臣民ノ諸權利ヲ保護スルニ足ルヘキ

明六社の機関誌『明六雑誌』６号掲載の加藤弘之訳「米国政教」には「権利」の文字が頻出する。権利の概念は啓蒙運動とともに定着し、自由民権運動の礎となった。

之ヲ言ヒ王六モ之ヲ唱フニ至ル。甚ヒ哉権理自由ノ言ヒ易キヤ。（略）竊ニ按ズルニ本邦人ハ権理ト云ヒ自由ト云フコトヲ唱ヘシハ西洋事情ノ著ニ濫觴シ民撰議院ノ論ニ盛也。

庶民一般が権利、自由を主張するようになったのは、福澤諭吉の『西洋事情』を読み、影響されたからであると述べている。

数え歌にもなった「権理」と「権利」

明治も十年代に入ると西南戦争もおさまり、明治政府も安定、一方で板垣退助を中心に憲法制定・国会開設などを要求する自由民権運動が盛んになる。土佐の人、植木枝盛《えもり》は論陣を張るとともに、「民権数へ歌」を作詩した。

一　人の上に人はない／権理にかはりがあるものか／コノ同じ人
二　二人三人の髯さんで／兎角にお内が治まるか／コノ無理な事
三　民権自由がわしの恋／圧政舅姑があるとても／コノ恐れやせん（略）

（甘粕忠好『植木枝盛専制研究序論』「土佐史談」六一号）

この数え歌は大いに流行し、替え歌もつくられた。土佐藩出身の政治家佐々木高行《たかゆき》の『佐々木高行日記』の明治十一年八月二十二日に引用されている。

一つとせ　人の上には人はなき／権利にかはりがないからは／この人じやもの
二つとせ　二つとはない我が命／捨ても自由がないからは／この惜しみやせぬ
三つとせ　民権自由の世の中に／まだ目のさめない人がある／このあはれさよ
（略）

民権がさかんにうたわれ、そして、用字も「権理」から「権利」へと変わっている。権理は新体詩にも登場する。ヽ山仙士《ちゆざんせんし》（外山正一《とやままさかず》・東京大学文学部長）は明治十五年刊の『新体詩抄』に「シエーキスピール氏ヘンリー第四世中の一段」の題で、権理を守る英国議院を歌っている。その一部を引く。

議院は権理打ち守り／王に烈しく抵抗す／財政最とも困難し／王は人望失ひて／

健康漸く衰へて／其晩年に至りては／自ら悔ゆる其悪事

坪内逍遥もまた、明治二十三年に招集される予定の第一帝国議会の開設を目標にして小説を書いた。人民が然るべき権利をもつためには、それにふさわしい準備が必要であると、書生、国彦にいわせている。明治十九年六月刊の『諷誡《ふうかい》京わらんべ』第五回の一節。

幸福とは何をかいふ。到底快楽といふ事でせう。知らず快楽は何者よりなるぞ。曰く精神の快楽。曰く肉体の快楽。此二ッより外にやアありますまい。（略）ヤレ権利《けんり》とかヤレ立憲とか。色々政治にまで及んでさアネ。政治を議するのは権利を重んずるが為です。権利を重んずるは幸福を重んずるが為です。ネ。ソラ。

こうした準備のもとに、明治二十二年、欽定憲法「大日本帝国憲法」が発布された。その第二章は「臣民権利義務」と記された。英語 right の訳語として準備されたいくつかの訳語のうち、憲法は「権利」を採用したのである。

訳語に苦労した福澤も、権利を使用することになった。明治二十九年三月から『時事新報』に連載した随筆「福翁百話」には、親子の権利と義務をとりあげている。

子を産んで之を養ひ之を教るは父母の至情のみならず、今の社会の組織に於ては遁る可らざるの義務なり。然らば則ち此義務に従ひ此情を尽して所生の子を養育し、其心身を純良活発に導て孝行の道に遵《したが》はしむるは当然のことにして、遵はざる者あれば之を責るも可なり、叱咤するも可なり、全く父母の権利に属する所なれども、一歩を進めて自身肉体の保養を子に促すに至ては、聊か所望の区域を逸したるものゝ如し。（「子に対して多を求むる勿れ」二十六）

今日の社会における親子の関係を考えるとき、その本質を的確に指摘していると思わざるをえない。

常識

「そんなの常識じゃない」とか「常識がないわね」とか、常識ということばは、日常生活のうえで誰でも知っている一般的な知識や考え方の意味でひろく使われている。『新潮現代国語辞典』をみると、

ジョウシキ〔常識〕(common sense)健全な社会人が共通に持つ、また持つべき一般的な知識や判断力・理解力・思慮分別など。(略)

とあって、「常識」はcommon senseの訳語と明記されている。

そこで英和辞典を調べると、「common sense」が見出しに登録されるのは明治六年刊『附音挿図　英和字彙』が最初である。そこには、

Common-sense 見識《ケンシキ》。達理《タツリ》

と記されていて常識の文字はない。常識がみえるのは明治十四年刊の『哲学字彙』である。

Common sense 常識

これを指摘したのは広田栄太郎「明治の『常識』大正の『良識』」（『近代訳語考』昭和四十四年　東京堂出版）である。彼は『哲学字彙』の三版にあたる『英独仏和　哲学字彙』（明治四十四年）の、

Common sense　常識（按　常識之字、出于語孟字義、）通識、普通感、普通感覚、普有感覚

を紹介し、「この注から考えて、『常識』なる語は、十四年初版の際、井上が案出したものではないかと推測される」と記している。この「井上が案出した」の記述は、井

上哲次郎が造語したのか、借用したのか明らかでない。そこで小島康敬氏の教示により注の「常識の字は『語孟字義』に出ず」をたよりに、伊藤仁斎《じんさい》が論語と孟子の二書の中から選んで字義を解説したという『語孟字義』（天明三年）を読んでみると、井上哲次郎の指摘通り「常識」が使われていた。

此レ常識ノ之所下以ニシテ必ス至テ二於此ニ一不ル上レ能レ不ルコトレ生セレ意‐見ヲ。而シテ宋儒ノ之所三以ナリ
有ル二無極太極ノ之論一也。

「此れ常識の必ず此に至って意見を生ぜざること能はざる所以《ゆえん》にして、宋儒の無極・太極の論有る所以也」となる。「常識」の部分は、『日本の思想　伊藤仁斎集』で三宅正彦が「これが、通常の知識では…」と訳している。伊藤仁斎は「童子問《どうじもん》」巻の中でも「此《こ》れ常識《じょうしき》の必此《かならずここ》に至て聖人と自《おのづから》相違《あひたが》ふ所以《ゆえん》なり」と使用しており、『日本古典文学大系　近世思想家文集』の頭注には「ふつうの人の知識」と記されている。文脈からみて、常識（凡人の知識）と聖人の知識とは相違すると解釈できる。『語孟字義』の場合も同様に理解できるので、井上哲次郎は、common sense の訳語に「常識」を採用し、健全な社会人が共通にもつ知識や判断力の意味を追加して転用したのである。

念のため『哲学字彙』より前の英華辞典を、モリソン、メドハースト、ウィリアムス、ロブシャイドと四種類調べてみたが、いずれもcommon senseの訳語に常識はみえない。

日本の英和辞典で次に「常識」が登録されるのは『附音挿図 英和字彙』の二版(明治十五年)で、

Common sense 見識、達理、常識

と記されていて、初版に『哲学字彙』の訳語「常識」を増補していることがわかる。国語辞典に登録されるのはずっとのちで、金沢庄三郎の『辞林』(明治四十年)が早いのではなかろうか。

じやうしき《ジョウ――》〔常識=Common sense〕健全なる普通一般の理解又は道義心。常規にはづれず時代に適応したる識見又は思想。

では、「common sense」はどのようにして日本に紹介されたのであろうか。翻訳

書や文学書をみていこう。

蘇格蘭ノ諸家ハ、之ヲ通常理会《コムムンセンス》ノ元理ト名ケタリ（ジョセーフ・ヘブン著　西周訳『奚般氏著心理学』明治十一年）

革弊会《かくへいくわい》の演説は。（略）元来《もとより》通俗が主髄との事にて孰《いづ》れも平凡論旨《コモンセンス》なりしが。

（坪内逍遥『内地雑居　未来之夢』第八回　明治十九年）

common sense はコムムンセンス、コモンセンスと読まれ、common は「通常」「平凡」、sense は「理会」「論旨」と一語一語に訳し、合成している。

明治二十年代に入ると雑誌の記事・論説にしばしば登場する。

中庸（コムモンセンス）（森田文蔵「枕頭語」『国民之友』一一号　明治二十年）

コンモンセンス（大江逸「鉄世界」批評『国民之友』一二号　明治二十年）

常情《コンモンセンス》（「初度の帝国議会を卜す」『国民之友』五〇号　明治二十二年）

通感《コンモンセンス》（「高等女学校を評す」『女学雑誌』一六六号　明治二十二年）

こんもんせんす（常情《じやう〱》）（抱一庵主人「不遇文人」『都の花』五一号　明治二十三年）

また、坪内逍遥は「常見」を使用するなど、いろいろな表記がなされている。

雑誌の記事・論説に「常識《コンモンセンス》」が初めて登場するのは明治二十四年二月の『国民之友』一〇九号である。「彼の人心人情に根さし来る、一大常識《コンモンセンス》は、千載の激文たり」（「元田東野翁」）。以後「常識」が多用されるようになる。坪内逍遥は『早稲田文学』三号の「我にあらずして汝にあり」（明治二十四年）に「常識《コムモンセンス》無き小理想家の多き程厄介なるものは無し。吾人は（略）敢て独断家をもて居らんとはせず、寧ろ常識の報道者をもて自ら任ぜんとすべし」と述べ、文学者は小理想家の独断家であってはならない、常識すなわち「コムモンセンス」が大切だと主張した。

一方、森鷗外は、『文学評論　しがらみ草紙』二七号（明治二十四年）に発表した「山房論文其七　早稲田文学の没理想」の中で次のように批判している。

　烏有先生は逍遥子が常識を貴むを聞きて、これを難じていはく。（略）蓋常識は凡識と相隣せり。変を斥くるはよけれど、非凡を容れざるはわるかるべし。国利民福をもとむる便《たつき》を知らむとならば、政治家として常識を説きても善かるべく、経済家として常見を唱へても善かるべけれど、常識は基督を生ぜず、常見は釈迦を成さず、「コンモン、センス」の間には一個の大詩人を着くべきところだにあらざるべしと。

すなわち、文学は非凡なものにこそ価値があるのであって、「コンモン、センス」に真価があるのではないと、逍遥の論を批判したのである。これがいわゆる没理想論争で、論点のすれ違いはあったけれども、はからずもcommon senseという概念が注目され一般化する契機となった。

常識とは何ぞや

福澤諭吉が亡くなったとき、大町桂月は文芸評論「福澤諭吉を吊す」（『太陽』七巻三号　明治三十四年）で彼を「常識のすぐれた人」と評したが、福澤自身は晩年、その思想の集大成ともいえる『福翁百話』（『時事新報』明治二十九年三月一日～三十年七月四日）で、常識があれば幸せになれると主張している。「唯一通りの学理を聞習ひ見習ひ、所謂常識（コンモンセンス）を備へて平生の心掛け迂闊ならざれば世を渡ること甚だ易し」（三十九）。

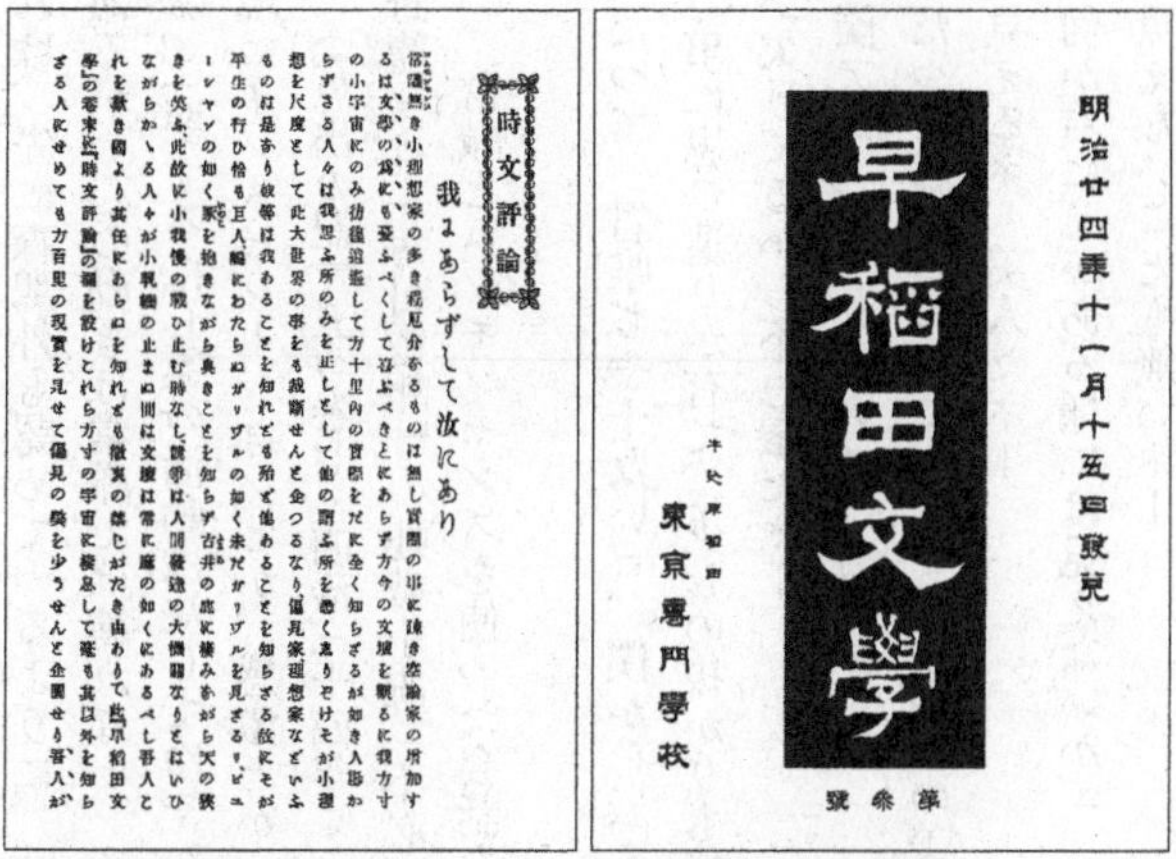

明治廿四年十一月十五日發兌

早稻田文學

第參號

牛込區早稻田
東京專門學校

時文評論

我にあらずして汝にあり

常識無き小理想家の多き程尼介なるものは無し實際の事に疎き空論家の増加するは文學のために憂ふべくして喜ぶべきとにあらず方今の文壇を觀るに我方寸の小宇宙にのみ彷徨逍遙して方十里内の實際をだに全く知らざるが如き人尠からずさる人々は我思ふ所のみを正しとして他の謂ふ所を悉くしりぞけそが小理想を尺度として此大世界の事をも裁斷せんと企つるなり偏見家理想家などいふものは是ありて彼等は我あることを知れども殆ど他あることを知らざる故にそが平生の行ひ恰も巨人國にわたらぬガリヴルの如く未だガリヴルを見ざるリ、ピユーシヤンの如く豕を抱きながら臭きことを知らず古井の底に棲みながら天の狭きを笑ふ此故に小我慢の戰ひ止む時なし競爭は人間發達の大機關なりとはいひながらかゝる人々が小軋轢の止まぬ間は文壇は常に塵の如くにあるべし吾人これを歎き固より其任にあらぬを知れども微衷の黙しがたき由ありて此『早稻田文學』の毫末に『時文評論』の欄を設けこれら方寸の宇宙に棲息して毫も其以外を知らざる人にせめても方百里の現實を見せて偏見の弊を少うせんと企圖せり吾人が

明治24年『早稲田文学』３号、坪内逍遥の評論「我にあらずして汝にあり」。

これは、先に森鷗外も認めているように、政治・経済面の生活について述べているのであるが、心の動きは常識では縛れない、そう単純にはいかないと、徳富蘆花は指摘する。「要するに心霊の活動は決して冷やかな常識《じやうしき》の縄墨《じやうぼく》を以て律す可きもので無い。現にインスピレーションとか、感激とか云つて霊の火を燃やすこともあるでは無いか」(『思出の記』五の巻七　明治三十四年)と。

矢野龍渓《りゆうけい》は『毎日電報』の連載小説「不必要」(明治四十年四月十五日〜五月二十四日)で、常識とコンモンセンスを使った会話を展開している。

「だつて、君唯《たゞ》ぢやーないヨ、僕から云ふと、君ア総《すべ》ての事に常識が満《みち》て居て、万事に思ひ遣りが有て、少しの抜かりも無くつて、それで肝腎のところに、常識が欠けてるから不思議だネー
「僕ア、コンモンセンスは有るヨ
「だつて君、君の眼に淑子《よしこ》さんは絶世の美人とは見えないかエ
「見えるネ、美人だネー
「何か君に意がある様には見えないかエ
「見えないことも無いネー

「それに君は、一点の反応もないのかネー（六　報告）

好男子の紳士吉野の「コンモンセンス」と、友人立田の常識とが食い違っている。立田はなぜ吉野が美人の淑子に反応し好意を示さないのかと不思議がっている場面である。「健全なる社会人の知識」と「凡人の知識」が、相違しているのであろうか。明治も四十年代に入ると、哲学者や文学者が「常識とは何ぞや」と、より広い視点から論じるようになる。

哲学者の田中王堂《おうどう》は「岩野泡鳴氏の人生観及び芸術観を論ず」（『中央公論』明治四十二年九月）を発表し、「常識が一転すれば科学となり、再転すれば哲学となる」と論じた。

常識は唯だ生活をなるたけ善く持続する方便として（略）常識よりも一層細密で、且つ一層正確なる知的方針を必要として来ると、常識は何時か科学となるのである。（略）一層深刻にして普遍なる知的統一を必要として来ると、科学は何時か哲学と変ずるのである。（十一）

こう指摘されてみると、なるほどその通りで、行きつくところ、私たちは人生観、信念によって生きているのだと思いあたる。

一方、訳詩集『海潮音』で知られる詩人上田敏は、明治四十二年二月『新小説』に「新道徳説」を発表し、詩人マーテルリンクの「苦心の道徳」を紹介した。道徳とは「内部生命を形成する大法則」をいい、「人間の道徳は意識無意識の理性に於て形作られる」と。この説では理性を、常識、道理、不可思議の理性に、三分割する。

「常識」を立脚地とする人は、自己の生命を唯一の確実なる物とする。それでこの生命を煎じ詰めて行くと、悪は唯二しかない。曰く疾病及び貧困。而してもうこれよりは還元し難いといふ真の恩恵も二しかない。曰く健康及び富貴。（略）心を強く持てば常識の道徳に従って、富貴と健康とだけに注意を集中して、所謂此世の強者となる。気を少し優しく、即ち弱く持てば道理の道徳に従つて、世間並の善人君子となり、無意識の偽善者となり、我知らず極めて融通の利く両親を持つやうにならねばならぬ。此流俗の大群衆に投じて無意味の生涯を送るのは、少しく道に志したものゝ心密かに愧づる所である。

常識を立脚地とすれば人生は単純で生きやすい。また道理の道徳に従い「世間並の善人君子となり、無意識の偽善者」となれる人は幸せである。しかしこれでいいのか。道に志す人は心に恥じない生涯を送るために悩み苦しむ。

幸福とは、生き甲斐とは何かを考えてみようではないか。

科学

二十世紀、二十一世紀が科学の時代であることは論をまたないが、「科学」ということばはいつから使用されたのだろう。明治時代の国語辞典をひいてみると、山田美妙の『日本大辞書』（明治二十六年）に登録されたのが早い。

くわがく（科学）字音。りがく（理学）ノ一名。

「科学」は「理学」と同義語であると記してあるが、「りがく」は登録されていない。次にみえるのは藤井乙男《おとお》・草野清民《きよたみ》の『帝国大辞典』（明治二十九年）の、

くわがく（科学）有物有則によりて、研究する学問をすべて科学といふ、哲学に対していふなり、又、科学を、形而下の学とし、哲学を、形而

上の学ともいふ。（略）

で、「科学」と「哲学」とが対になる学問とされている。

さらに明治も末になると、「科学」は science の訳語であることが記され、「科学的」も見出しに登録される。明治四十年刊の金沢庄三郎編『辞林』は次のように記す。

くわがく〔科学＝Science〕仮定の上に立ちて、特殊なる現象の原理に関し、概括して系統的に論述し證明せる学、これを研究事項によりて、自然科学・精神科学の二とす、理学・化学・動物学・植物学等は前者に属し、倫理学・心理学・法律学等は後者に属す、（略）

要するに、系統的に、あるいは系統を立てて論じ証明する学問が「科学」であり、その思考法が「科学的」であるということになる。

そこで英和辞典を調べていくと、最初に「科学」がみえるのは、明治十四年刊の専門辞書『哲学辞彙』の「Science　理学、科学」である。この訳語を採用し一般化したのは、『附音挿図　英和字彙』二版（明治十五年）であろう。

Science 学。理学。科学。芸。学問。智慧。知識。博学。

しかし、多くの訳語が併記され、まだ science の訳語が定着していないことがわかる。

そこで論説から訳語として確実な用例をさがしていくと、西周《にしあまね》が明治三年末から育英舎でおこなった講義録「百学連環」にみえる、「学術は、即ち洋語の science and art なり」が早い。学が「science」、術が「art」にあたる。その後の訳語には次のようなものがある。

学術《サイエンス》　（中村正直「西学一斑」『明六雑誌』一〇号　明治七年）
学《サイーンス》　（西周「知説」四『明六雑誌』二二号　明治七年）
科学《サインス》（学問）　（中村正直訳『史学』第一編上　明治十二年）
理学《サイエンス》　（芳賀矢一・立花鉄三郎共著『国文学読本』明治二十三年）

そして明治二十年代後半には、「私が茲に科学と申しますのは英国で云ふ『サイエンス』――日本で俗に云ふ学問」（田口鼎軒「歴史は科学に非ず」『東京経済雑誌』七九号　明治二十八年）のように、サイエンスと科学と学問とは同義だと説明したものも出てくる。また、「理学とは実に哲学の謂也、唯我国に於ては、始め理学の名辞をサイエンスの訳字に使用したる為め、哲学といふ新文字の必要起りしのみ」（三宅雪嶺『王陽明』明治二十六年）のように、理学が哲学の意味にもサイエンスの意味にも使用されたことを指摘したものもある。

そこで、明治四十年の『辞林』で「理学」をみると、四つの意味が記されている。

りがく〔理学〕①物理学・化学・星学・地質学・動植物学等自然科学の総称。②物理学の特称。③哲学の別称。「――沿革史」④宋の儒学の称、（略）

明治の文献では、理学がどの意味で使われているかに注意する必要がある。

いずれにしても、明治二十年代の後半には、Science と科学とが一対一で定着したようだ。なお中国の英華辞典も調べたが、science に「科学」の訳語はみえないので、日本製の漢語と考えられる。

では、漢語「科学」を造ったのはだれなのだろう。中国文学者の鈴木修次《しゅうじ》は『日本漢語と中国』（昭和五十六年　中公新書）の中で、「『科学』という日本語をはじめて成語として用いたのは、明治七年の西の論文であった」と記しているが、これは西周が『明六雑誌』二二号に発表した「知説」の次の例である。

学《サイーンス》ハ人ノ性ニ於テ能其智ヲ開キ術ハ人ノ性ニ於テ能其能ヲ益ス者ナリ。然ルニ如此ク学ト術トハ其旨趣ヲ異ニスト雖トモ然トモ所謂科学ニ至テハ両相混シテ判然区別ス可ラサル者アリ、（略）

西周は「学」と「術」とを分けて考えるが、「所謂科学」には両者の区別のできない相混じったものもあると説明している。その例として、「化学《ケミストリ》」は「大要分解法《アナリチカル》ノ化学ハ之ヲ学ト謂フヘク総合法《シンテーチカル》ノ化学ハ之ヲ術ト謂フヘシト雖トモ亦判然相分ツ可ラサル者アルカ如シ」と述べている。これは「科学」がサイエンス全体ではなく、化学という「一つの科の学」すなわち「学科」の意味で使用されていることを示している。しかし、明治十二年に「科学」という単語が一科の学の意味ではなく、今日の学問の意味で現れる。G・G・ゼルフィの識語（史学原序）がある中村正直訳『史学』第一編上である。

所謂科学《サインス》（学問《サインス》）ナル者ハ如何ナル原素ヲ以テ成リ立ツモノナルヤヲ熟知セザルベカラズ、試ニ其何等ノ事ナルヲ問ハズ宇宙間万物ノ現象《フエノメナ》ヲ看ヨ、之レニ就キ勢力（フヲース）ガ或ル天則ニ従ヒテ其作用ヲナシ居ル事ヲ推究シ得ラルレバ其現象ハ科学的ニ論述シ得ベキモノトス、史学ニ於テモ亦然リ、（略）

ここにいう「科学」は明らかに今日の「科学」の意味であり、「科学的ニ論述シ」と「科学的」の三文字もみられる。

「科学」の流行と科学教育

明治も二十年代後半になると、「科学」は流行語となった。戸川秋骨《しゅうこつ》は「自然私観」（『文学界』二五号　明治二十八年）に、「また近き頃に至りては科学的と云ふ事、恰も流行の姿をなし、哲学も科学的なるべしかと云ふ」と、「科学的」という単語が流行したことを指摘している。

小栗風葉《ふうよう》は小説「亀甲鶴《きっこうづる》」（『新小説』明治二十九年十一月）に、「科学の道日に開け行く今の世に」と、その有様を指摘し、三十年代に入ると田岡嶺雲《れいうん》が「詩人と厭世観」（『第二嶺雲揺曳』明治三十二年十一月）に、「嗚呼十九世紀は科学的世紀なり、百般の事孰れか多少其色彩を帯びざるものぞ、（略）科学的、此三文字は如何に今世紀の流行語たりしぞ」と記している。

仏教哲学者の清沢満之《きよざわまんし》も「科学と宗教」（『精神界』一巻四号　明治三十四年）に、「今の時は則ち科学旺盛と称す。然り、之を前時に比するに、頗る見るべきものあり」と述べている。しかしこうした流行は、科学を過信する人々を生んだ。科学を万能とする風潮に対して、清沢はその限界を示唆する。「自ら科学に熟せるの人士は、科学の範囲の極めて制限のあるものなるを知り、又其作用の決して全能にあらざることを識る。科学は常に与へられたる材料によりて制限せられ、与へられたる法則によりて活動す」。

また、小説家であり文学評論に健筆をふるった近松秋江《しゅうこう》は「ありのまゝに観察する」ことが科学的であると主張した。「近代小説は科学にはあらざれども、科学的なりと申すに何等の差支へ無之候。科学的とは、則ち自然界に生起せる事実の真相を観者の既成概念に依つて作為を加ふることなく、ありのまゝに観察するといふことに候」（『文壇無駄話』明治四十三年）。

編集記者であった白柳秀湖《しらやなぎしゅうこ》も「科学的精神と科学との関係」(『鉄火石火』明治四十一年七月)の中で、「先づ文芸の受けた影響は多く科学の研究方法であつた。観察、解剖、実験、之を要するに、忠実に自然と人生とを模写すれば好い、客観を客観として描出すれば好いといふ事になつて来た。之が則ち実写主義である」とし、科学の研究方法である観察、解剖、実験が文学論や表現に与えた影響を指摘している。

ひるがえって、日本の科学教育の歴史をかえりみると、明治四年に文部省が創設されると同時に大学がおかれ、大学が科学のために尽くす研究所となった。文部省の専門学務局長上田万年は明治三十五年六月、高等師範学校内国語学会で、国家の方針を、「日本が今日より以後進んで東洋の局面・世界の局面で大きな仕事を為さうといふには、この『サイエンス』を非常に尊んで此の研究の為には十分の金を掛けて、どこまでも進んで保護奨励して行くといふ覚悟を持たなければならぬ」と演説している(『国民教育と国語教育』)。

しかし、その科学教育を受けた女子大学の学生たちは、白柳秀湖の小説『黄昏』(明治四十二年)の中で倫理学者の弟にきびしく皮肉られている。

『彼女等《かれら》は何も君の云ふやうに科学教育の結果、自己意識の域に到達したものでも何でも無いよ。彼女等《かれら》は世間の所謂ハイカラーに止まつて、（略）軍人か外交官の妻になることを以て、人生最終の目的で、ゝもあるかのやうに心得て居る…』

（五）

日本に科学教育を移入したのは、お雇い外国人たちであったが、その一人、ドイツ人のベルツ博士は、日本在留二十五周年記念祝典で、その欠点を指摘した。

西洋の科学の世界は決して機械ではなく、一つの有機体でありまして、その成長には他のすべての有機体と同様に一定の気候、一定の大気が必要なのでありま す。（略）西洋各国は諸君に教師を送ったのであり（略）かれらは種をまき、その種から日本で科学の樹がひとりでに生えて大きくなれるようにしたのであって、その樹たるや正しく育てられた場合、絶えず新しい、しかもますます美しい実を結ぶものであるにもかかわらず、日本では今の科学の『成果』のみをかれらから受取ろうとしたのであります。

（明治三十四年十一月二十二日の日記　菅沼龍太郎訳『ベルツの日記』）

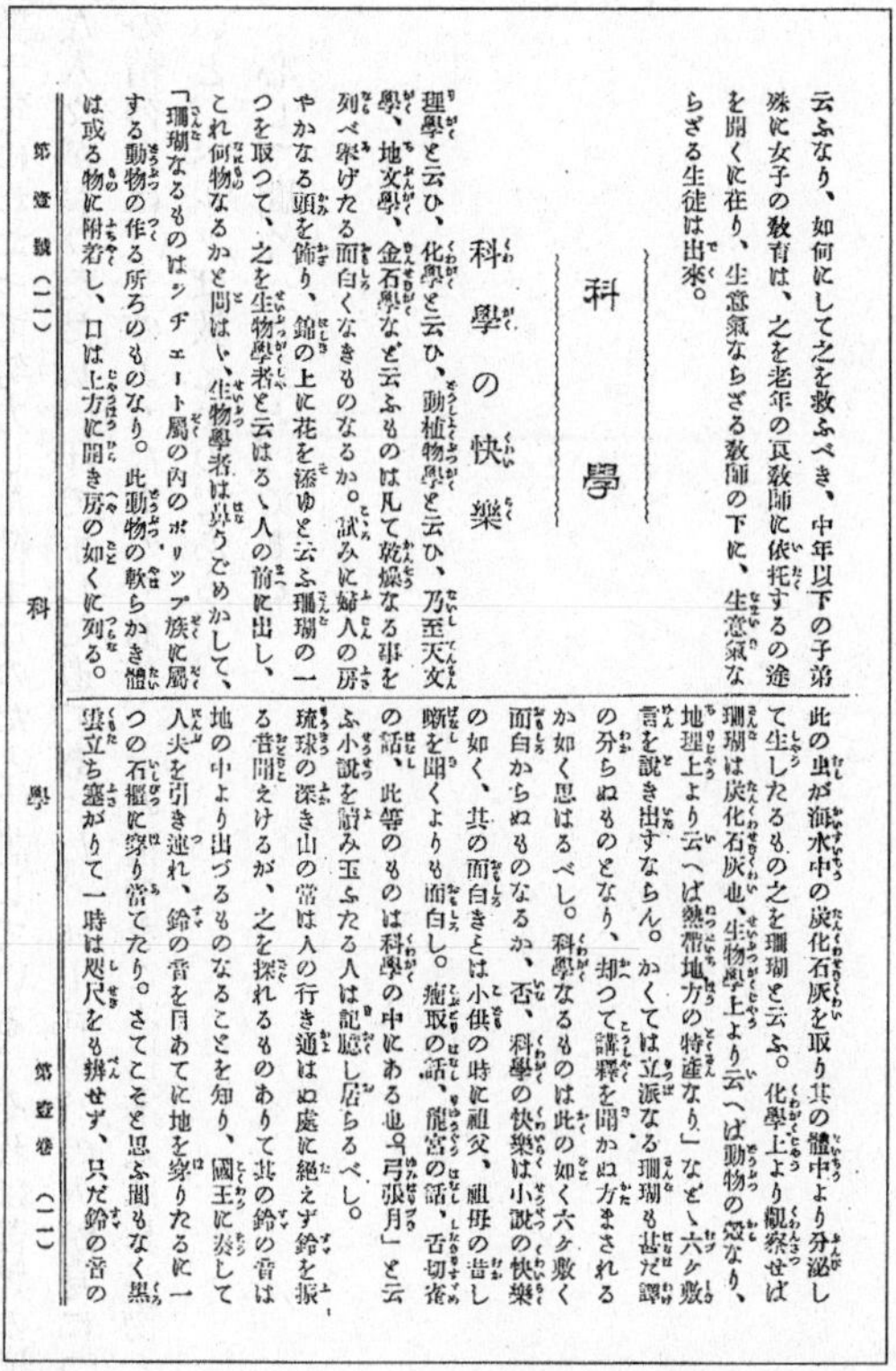

云ふなり、如何にして之を救ふべき、中年以下の子弟殊に女子の教育は、之を老年の頑教師に依托《いたく》するの途を開くに在り、生意氣ならざる教師の下に、生意氣《なまいき》ならざる生徒は出來《でく》。

科學

科《くわ》學《がく》の快《くわい》樂《らく》

理學《りがく》と云ひ、化學《くわがく》と云ひ、動植物學《どうしよくぶつがく》と云ひ、乃至《ないし》天文學《てんもんがく》、地文學《ちもんがく》、金石學《きんせきがく》など云ふものは凡て乾燥《かんそう》なる事を列《なら》べ擧《あ》げたる面白《おもしろ》くなきものなるか。試みに婦人《ふじん》の房《ふさ》やかなる頭《かみ》を飾《かざ》り、錦《にしき》の上に花を添《そ》ゆと云ふ珊瑚《さんご》の一つを取つて、之を生物學者《せいぶつがくしや》と云はるゝ人の前《まへ》に出し、これ何物《なにもの》なるかと問《と》はゞ、生物《せいぶつ》學者は鼻《はな》うごめかして、「珊瑚《さんご》なるものはシチエート屬《ぞく》の内のポリップ族《ぞく》に屬《ぞく》する動物《どうぶつ》の作《つく》る所ろのものなり。此動物《どうぶつ》の軟《やは》らかき體《たい》は或る物《もの》に附着《ふちやく》し、口は上方《じやうはう》に開き房の如《ごと》くに列《つらな》る。此の虫《むし》が海水中《かいすいちう》の炭化石灰《たんくわせきくわい》を取り其の體中《たいちう》より分泌《ぶんぴ》して生《しやう》したるもの之を珊瑚と云ふ。化學上《くわがくじやう》より觀察《くわんさつ》せば珊瑚《さんご》は炭化石灰《たんくわせきくわい》也、生物學上《せいぶつがくじやう》より云《い》へば動物《どうぶつ》の殼《から》なり、地理上《ちりじやう》より云《い》へば熱帶地方《ねつたいちはう》の特産《とくさん》なり」など、六ヶ敷き言《げん》を説《と》き出《いだ》すならん。かくては立派《りつぱ》なる珊瑚《さんご》も甚《はなは》だ譯《わけ》の分《わか》らぬものとなり、却《かへ》つて講釋《こうしやく》を聞《き》かぬ方《かた》まされるか如く思はるべし。科學《くわがく》なるものは此の如《ごと》く六ヶ敷く面白《おもしろ》からぬものなるか、否《いな》、科學《くわがく》の快樂《くわいらく》は小説《せうせつ》の快樂《くわいらく》の如く、其の面白《おもしろ》きとは小供《こども》の時に祖父、祖母の昔《むかし》噺《ばなし》を聞《き》くよりも面白《おもしろ》し。瘤取《こぶとり》の話《はなし》、龍宮《りゆうぐう》の話《はなし》、舌切雀《したきりすゞめ》の話《はなし》、此等のものは科學《くわがく》の中にある也。「弓張月《ゆみはりづき》」と云ふ小説《せうせつ》を讀《よ》み玉ふたる人は記臆《きおく》し居《ゐ》らるべし。琉球《りうきう》の深《ふか》き山の常は人の行き通《かよ》はぬ處に絶《た》えず鈴《すゞ》を振《ふ》る音聞《おとき》こえけるが、之を探《さぐ》れるものありて其の鈴《すゞ》の音は地の中より出づるものなることを知り、國王《こくわう》に奏《そう》して人夫《にんぷ》を引き連《つ》れ、鈴《すゞ》の音を目あてに地を穿《ほ》りたるに一つの石櫃《いしびつ》に穿《ほ》り當《あ》てたり。さてこそと思ふ間もなく黒《くろ》雲立《くもた》ち塞《ふさ》がりて一時は咫尺《しせき》をも辨《べん》ぜず、只だ鈴《すゞ》の音の

第壹號（一一）　科學　第壹卷（一一）

明治25年の『家庭雑誌』1号。「社説」「論説」とともに「科学」欄を設けた。

この有機体とは人材であり、西洋の科学は宇宙の謎の究明をめざす傑出した人々が数千年にわたって努力した結果なのだと力説している。それは苦難の道であり、高潔な人々がおびただしい汗で示した道であった。ヨーロッパの人が身につけている科学の精神とは、このようなものであり、その精神をこそ日本人はわが物とせねばならないと、ベルツは教えたのである。

心して聞くべきことばである。

哲学

新造語

「哲学」と聞くと、むずかしいなとか、面倒だなと毛嫌いする人もあるが、「彼はなかなかの哲学者だよ」「君の人生哲学は？」などと普通の会話でも耳にする。そこであらためて『三省堂国語辞典』四版で哲学をひいてみた。

㊀（名）①〔哲〕理性の力で、ものごとの根本原理を考える学問。②（経験をつんだ末につかんだ）ものごとの基本的な考え。「人生――」

㊁（自他サ）哲学的に考えたり分析（ブンセキ）すること。

名詞のほか、「哲学する」という動詞形でも使われている。

この「哲学」という語が明治生まれだと指摘した辞典は、山田美妙の『日本大辞書』（明治二十六年）が早い。

てつがく〔哲学〕英語 Philosophy ノ対訳。知識ヲ愛スルトノ原語ノ義。ソレヲ訳シテ仮リニ明治以後、「哲学」ノ字ヲ当テタノガ今日ニ至ッテ普通ニ通用スル。スベテ、心理学、社会学、論理学、審美学ナド無形ノ学ノ総名。天地宇宙ノ原則、関係等ヲ研究スルモノ。

ここに、哲学は英語 Philosophy の対訳とされ、明治二十年代には、普通に通用すると記されている。次に哲学の出自を指摘したのは明治四十五年刊の『哲学字彙』三版である。

Philosophy　哲理、哲学（按、西周訳利学説曰、哲学即欧洲儒学也、今訳哲学、所以別之東方儒学也）

「訳利学説」は西周《にしあまね》がミル著『Utilitarianism』を訳した『利学《りがく》』（明治十年）に掲げた序文で、そこに哲学は欧州の儒学で、東方の儒学と区別するために「哲学」と訳すと述べている。西周は、今日の西洋哲学を哲学と訳したのである。

西周の著作を調べていくと、明治七年刊の『百一新論』に、「総テ箇様ナ事ヲ参考シテ心理ニ徴シ、天道人道ヲ論明シテ、兼テ教ノ方法ヲ立ツルヲヒロソヒー、訳シテ哲学ト名ケ、西洋ニテモ古クヨリ論ノアル事デゴザル、」と述べている。一方、その『百一新論』の序に友人山本覚馬《かくま》は、「茲に我が友西氏これを憂へ、哲学に由つて政教の別るる所を明らかにし、又道理の岐るる所を晰にす。（略）且つ能く哲学を明らかにする者は、我邦未だかつて其の人あるを聞かざるなり」（原文は漢文）と書き、西周以外には哲学を明らかにする者は聞いたことがない、と鑽仰《さんぎょう》している。

さらにさかのぼると、稿本のまま刊行されなかった「百学連環」に、「哲学《ヒロソヒー》を理学、或は窮理学と名つけ称するあり。（略）ヒロソヒーの意たるは、周茂叔の既に言ひし如く聖希天賢希聖士希賢との意なるか故に、ヒロソヒーの直訳を希賢学となすも亦可なるへし。」（「第二　Philosophy　哲学」）とあり、philosophy は「哲学」「理学」「窮理学」「希賢学」とも訳されたことがわかる。

さらに、「文久改元辛酉二十三日」の識語がある津田真道《まみち》の稿本「性理論」に、西周が付記した跋文には、「西土之学、伝之既百年余、至格物舎密地理器械等諸術、間有窮其室者、特至吾希哲学《ヒロソヒ》一科、則未見其人矣、（略）西魚人妄評」（『西周全集』第一巻　昭和三十五年　宗高書房）とあり、「希哲学《ヒロソヒ》」の文字がみえる。これについて全集の編者大久保利謙《としあき》は、解説（津田真道稿本「性理論」の跋文）に「この跋文ある《（ママ）》『希哲学《ヒロソヒ》』の文字は、哲学の訳語の端緒を語る資料として注目される。」と記している。

このように、philosophyの訳語は「希哲学《ヒロソヒ》」に始まり、「理学」「窮理学」「希賢学」などが試みられながら、「哲学」に統一された。その決定力となったのは明治十四年に東京大学三学部が印行した『哲学字彙』の「Philosophy　哲学」の記述であったと考えられる。翌十五年刊の『附音挿図　英和字彙』二版に「哲学」が訳語として登録されてから、すべての英和辞典に採用された。

「哲学」という単語が流行したのは、明治十年、東京大学に哲学科が誕生してからであった。その事情を三宅雪嶺《せつれい》が『哲学涓滴《けんてき》』（明治二十二年）に紹介している。

> 抑も哲学といふ語は、今や普通の詞辞と為り、商売まで哲学々々と罵るも、実は明治十年四月東京大学の文学部の一科の名として使はれしより流行せる者にして、別に理学とも知学とも究理学とも致知学とも呼ばれたることとあれども、元来名目の存在せざるのみならず、之に類似せる学問すら殆ど全く世間に流布せざりしと断言して可なり。（略）要するに哲学は曾て学問として存立するに及ばざりき。嗟吁哲学の語既に盛行するも、近く十年前に始れるのみ。

その有様は、新体詩に詠み込まれていることからも知られよう。明治十五年、日本の詩に新風を吹き込んだ『新体詩抄』に、社会学者外山正一（丶山仙士《ちゆざんせんし》）は「社会学の原理に題す」という新体詩を書いた。

思想知識の発達も／言語宗旨の改良も／社会の事も皆都て／同じ理合のものなれば／既にものせる哲学の／原理の論ぞ之に次ぐ／生物学の原理やら／心理の学の原理をば／土台となして今更に／社会の学の原理をば／書にものさる最中ぞ（略）

これは乗竹孝太郎《のりたけこうたろう》訳、ハーバート・スペンサー原著『社会学の原理』に序文代りに添えたものの一部である。矢野峰人《ほうじん》によると、「新体詩」という形式は井上哲次郎の発案で、やがて短歌に対して「長詩」と呼ばれ、それから「詩」になったという（「創始期の新体詩」『明治文学全集　明治詩人集』解題　昭和四十七年　筑摩書房）。

明治二十二年、森鷗外の名訳として知られる『於母影《おもかげ》』では、バイロンの「マンフレッド一節」に哲学がみえる。主人公マンフレッドが深夜、孤塔の一室で独語するところである。

はや我は世の中に学ばぬ道はあらず／天地の力もしり哲学をもきはめぬ／
そを皆我身のため用ゐむとおもへども／なほ我身には足らず、人のためよき事し
（略）

明治二十四年には中西梅花《ばいか》が『新体梅花詩集』を出版する。そこに発表された「出《で》放題《ほうだい》」の詩。

進みきたりぬ、我智慧は、／殖てきたりぬ、我智慧は、／進みきたればこそ、／
ふえきたればこそ、／名の無きに名をつけて、／理学、哲学、猫、杓子、／アハ
ハ、アッ、ハッ、ハ、／我智慧は凄まじ、／わが智慧えらし、／それでこそ理学、
哲学、猫、杓子

中西梅花は「名の無きに名をつけて、理学、哲学」とうたっているが、この時代の「哲学」の内容を暗示している。

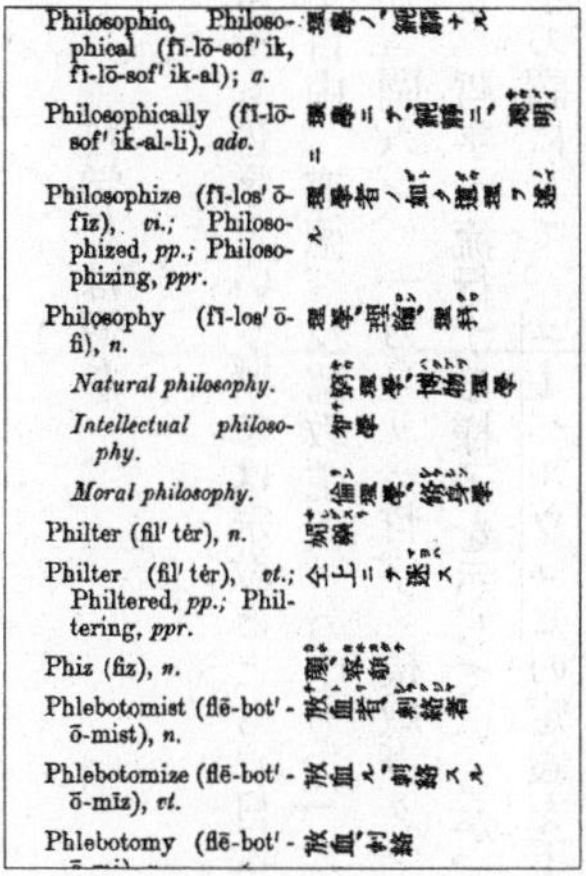

Philosophic, Philosophical (fī-lō-sof′ ik, fī-lō-sof′ ik-al); *a.* 理學ノ、窮理ナル

Philosophically (fī-lō-sof′ ik-al-li), *adv.* 理學ニテ、窮理ニ、聰明ニ

Philosophize (fī-los′ ō-fīz), *vi.*; Philosophized, *pp.*; Philosophizing, *ppr.* 理學者ノ如ク道理ヲ述ル

Philosophy (fī-los′ ō-fi), *n.* 理學、理論、理科

Natural philosophy. 窮理學、格物理學

Intellectual philosophy. 智學

Moral philosophy. 倫理學、修身學

Philter (fil′ tėr), *n.* 媚藥

Philter (fil′ tėr), *vt.*; Philtered, *pp.*; Philtering, *ppr.* 全上ニテ迷ス

Phiz (fiz), *n.* 顔、容貌

Phlebotomist (flē-bot′-ō-mist), *n.* 放血者、刺絡者

Phlebotomize (flē-bot′-ō-mīz), *vt.* 放血ス、刺絡スル

Phlebotomy (flē-bot′-

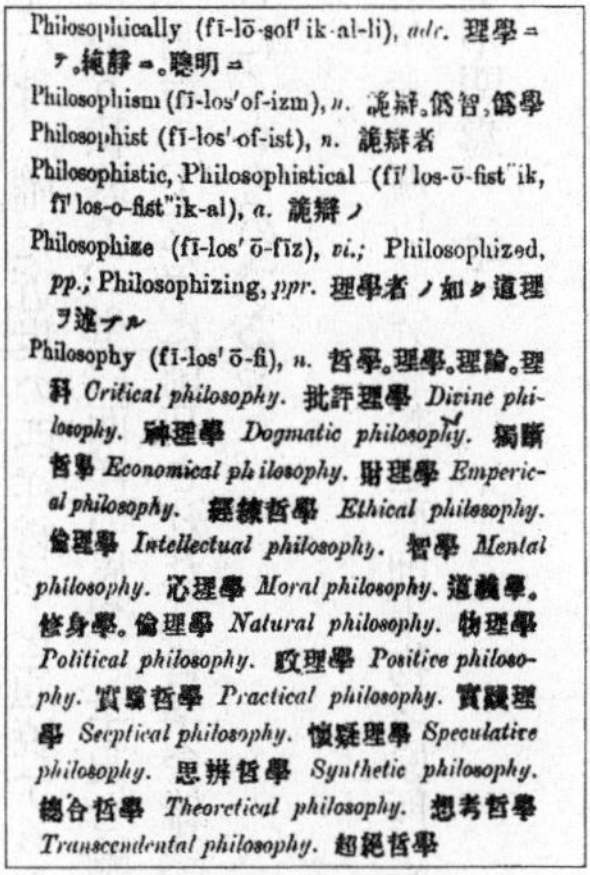

Philosophically (fī-lō-sof′ ik-al-li), *adv.* 理學ニテ。純靜ニ。聰明ニ

Philosophism (fī-los′of-izm), *n.* 詭辯。僞智,僞學

Philosophist (fī-los′-of-ist), *n.* 詭辯者

Philosophistic, Philosophistical (fī′ los-ō-fist″ik, fī′ los-o-fist″ik-al), *a.* 詭辯ノ

Philosophize (fī-los′ ō-fīz), *vi.*; Philosophized, *pp.*; Philosophizing, *ppr.* 理學者ノ如ク道理ヲ述ナル

Philosophy (fī-los′ ō-fi), *n.* 哲學。理學。理論。理科 *Critical philosophy.* 批評理學 *Divine philosophy.* 神理學 *Dogmatic philosophy.* 獨斷哲學 *Economical philosophy.* 財理學 *Emperical philosophy.* 經驗哲學 *Ethical philosophy.* 倫理學 *Intellectual philosophy.* 智學 *Mental philosophy.* 心理學 *Moral philosophy.* 道義學。修身學。倫理學 *Natural philosophy.* 物理學 *Political philosophy.* 政理學 *Positive philosophy.* 實驗哲學 *Practical philosophy.* 實驗理學 *Sceptical philosophy.* 懷疑理學 *Speculative philosophy.* 思辨哲學 *Synthetic philosophy.* 總合哲學 *Theoretical philosophy.* 想考哲學 *Transcendental philosophy.* 超絶哲學

左が『英和字彙』の初版（明治６年）、右が二版（明治15年）。二版にはphilosophyの訳語に『哲学字彙』をうけて「哲学」が採用された。

哲学とは何か

そもそも哲学という概念は宗教とともに日本に入ってきた。徳富蘇峰は明治十七年刊の『自由、道徳、及儒教主義』の中で、「一方ヨリハ基督教ノ勢力波濤ノ奔ルカ如ク我邦ニ闖入シ、一方ヨリハ哲学ノ権威漸ク学士論客ノ脳頭ヲ支配セントスルニ際シテ」と、哲学が流行する様子を示しているが、その内容は、「単に哲学と云ふは、純正哲学の謂にして、ユーベルウェヒの定義を下して、原理の学と為せる者にして、之を学んには、唯だ近世の西洋哲学を通暁するより外ならず」と三宅雪嶺が『哲学涓滴』にいう状態で、単に西洋の思想、学説を輸入し紹介することであった。哲学の概念は、明治二十三年に創刊された『哲学会雑誌』の表紙裏に記されているが、曖昧で補足しにくいものであった。

哲学者。所以論究思想之原則事物之原理之学也。是故思想所及。事物所存。哲学莫不関焉。（略）

「哲学とは、思想の原則、事物の原理を論究する所以の学なり。是の故、思想の及ぶ所、事物の存する所、哲学の関はらざるなし」、すべてが哲学だという。

明治の末になっても哲学の定義と範囲は一定しなかった。三宅雪嶺は、その主著『宇宙』第一篇第三章（明治四十二年）の中で、「哲学は明治年間に於ける訳語なるも、支那哲学といひ、印度哲学といひ、数千年前より東洋に存在せるにも適用され（略）定義及び範囲は曾て帰一せず」と述べている。哲学はもともと西洋哲学を意味していたが、儒教を中国哲学、仏教をインド哲学と呼ぶようになったといい、第四篇第十一章では、日本の哲学界を「近年の情状を観れば、哲学は徒らに過去を顧み、昔時斯く〳〵の体系ありしを言ひ、其の脈絡を詳かにし、其の変遷を尋ぬるに勉むるも、現在の知識欲に満足を与ふるの極めて少く、偶々現在の問題に接触すれば（略）今の謂ゆる哲学は余りに消極的に失して（略）言ふを値ひせじ」と嘆じている。

森鷗外は明治四十四年『三田文学』の三月号と四月号に自伝小説「妄想」を発表した。主人の翁は五十歳になって千葉県の別荘で過去を回想する。

主人の翁はこの小屋に来てからも幻影を追ふやうな昔の心持を無くしてしまふことは出来ない。そして既往を回顧してこんな事を思ふ。日の要求に安んぜない権利を持つてゐるものは、恐らくは只天才ばかりであらう。自然科学で大発明をするとか、哲学や芸術で大きい思想、大きい作品を生み出すとか云ふ境地に立つたら、自分も現在に満足したのではあるまいか。自分にはそれが出来なかつた。

鷗外でさえも、哲学や芸術の分野で大きな事はできなかったと考えたのだろうか。三宅雪嶺は「哲学」を、三省堂国語辞典の[一]の①の意味に使用した。鷗外が「妄想」で使用した「哲学」は、[一]の②の意味にあたり、いま筆者は[二]の「哲学する」という動詞の意味で、哲学的に考え分析することを楽しんだといえよう。

あとがき

「一語十年」ということばがある。山田忠雄のことばである。一語の歴史を考証するとなると十年はかかるというのである。私も語史を志して何年になることか。ずしりと心に響くものがある。

いまここに「明治生まれの日本語」二十一語を書き終えて、あらためて感じるのは、西洋文化の移入にともなう新語がきわめて多いということである。

そしてこれらの新語は、同義語と競り合いながらも、国家の組織名や憲法・法令に採用されたり、英語の参考書や国定教科書に採用されることによって定着していった。しかし、統一されていく過程で、なんらかの形で日本政府の力がおよんでいたことは、特筆されてよいだろう。庶民の力がその誕生に関わったのは、ごく限られたものであった。

一語一語の歴史は日本人の共通の文化遺産である。人間の歴史と同じく語史にも個性があり、同じものは一つもない。それでも大きな時代の流れを反映している。

本書は、淡交社の月刊誌『なごみ』(平成十一年一月〜十二月、十二年七月〜十三年六月)に、三年にわたって連載したものである。「知の蔵書21」に収めるにあたり、新しく編集しなおした。

連載の完結後、『日本国語大辞典』(小学館)の第二版が出版され、より早い用例が示されたので、初版による部分を改訂した。論旨を改めたものもある。今後も新しい発見により、修正を必要とするものも出てくるだろう。

また原資料にあたり正確な用例で語史を語るように努めたが、それでも完全ではない。読者の方々の暖かいご教示をお願いする。

編集部の森屋桂子、滝井真智子、藤元由記子の各氏には、特にお世話になった。記して感謝の意を表する。

(二〇〇二年四月十日　飛田良文)

このたび、KADOKAWA文芸局から本書を角川ソフィア文庫へ加えたいとの依頼があり、この申し出を引受けた。文庫本化するにあたり、引用文の誤記を改め、表記の統一・原典の整理をはかったが、内容上の変更は一切ない。淡交社版刊行後の研究の進展は、単語ごとに注あるいは付記の形で示した。お世話になった編集部の伊集院元郁氏に厚く謝意を表する。

(二〇一九年五月三十日　飛田良文)

引用辞書・参考文献

この一覧は、本文中に引用した幕末明治期の辞書と、参考文献の目録である。

引用辞書

［国語辞書／専門辞書］

『広益熟字典』明治七年　湯浅忠良
『音訓新聞字引』明治九年　萩原乙彦
『文明いろは字引』明治十年　片岡義助
『哲学字彙』明治十四年　井上哲次郎ほか　東京大学三学部刊
『哲学字彙』二版（『改訂増補　哲学字彙』）明治十七年　井上哲次郎、有賀長雄増補　東洋館
『言海』明治二十二〜二十四年　大槻文彦著刊
『日本大辞書』明治二十五〜二十六年　山田美妙　明法堂
『帝国大辞典』明治二十九年　藤井乙男、草野清民　三省堂

『辞林』明治四十年　金沢庄三郎　三省堂
『大辞典』明治四十五年　山田美妙　嵩山堂
『哲学字彙』三版（『英独仏和　哲学字彙』）明治四十五年　井上哲次郎、元良勇次郎、
　中島力造　丸善商社書店

〔和英・英和辞典〕
『諳厄利亜語林大成』文化十一年（一八一四）本木正栄ほか
『英和対訳袖珍辞書』文久二年（一八六二）堀達之助　洋書調所
『改正増補　英和対訳袖珍辞書』慶応二年（一八六六）堀越亀之助　開成所
『和英語林集成』慶応三年（一八六七）J・C・ヘボン（平文先生）
『和訳英辞書（薩摩辞書）』明治二年　前田正穀、高橋良昭
『和英語林集成』二版　明治五年　J・C・ヘボン（平文先生）
『附音挿図　英和字彙』明治六年　柴田昌吉、子安峻　日就社
『英華和訳字典』明治十二年　津田仙、柳沢信大、大井鎌吉
『附音挿図　英和字彙』二版　明治十五年　柴田昌吉、子安峻　日就社
『明治大成　英和対訳字彙』明治十八年　佐々木庸徳　二書館

『英和双解字典』明治十八年　棚橋一郎　丸善商社書店
『附音挿画　英和玉篇』明治十八年　入江依徳
『和英語林集成』三版（『改正増補　和英英和　語林集成』）明治十九年　J・C・ヘボン（平文先生）　丸善商社書店
『訂正増補　英和対訳大辞彙』明治十九年　前田元敏
『漢英対照　いろは辞典』明治二十一年　高橋五郎
『ウェブスター氏新刊大辞書　和訳字彙』明治二十一年　イーストレーキ、棚橋一郎　三省堂
『英和新辞林』明治二十七年　イーストレーキ、岩橋行親、棚橋一郎、中川愛咲、秋保辰三郎　三省堂
『和英大辞典』明治二十九年　ブリンクリー、南条文雄、箕作佳吉、松村任三ほか　三省堂
『新和英辞典』明治三十五年　和田垣謙三　大倉書店
『新訳　英和辞典』明治三十五年　神田乃武ほか　三省堂
『新式　日英辞典』明治三十八年　新渡戸稲造、高楠順次郎
『新訳　和英辞典』明治四十二年　井上十吉　三省堂

『詳解　英和辞典』明治四十五年　入江祝衛　賞文館

［仏独蘭語辞典］

『訳鍵』文化七年（一八一〇）藤林晋山
『三語便覧』嘉永七年（一八五四）村上英俊
『和蘭字彙』安政二～五年（一八五五～五八）桂川甫周
『仏語明要』元治元年（一八六四）村上英俊
『官許　仏和辞典』明治四年　岡田好樹編刊
『孛和　袖珍字書』明治五年　小田条次郎、藤井三郎、桜井勇作　学半社
『官許　独和字典』明治六年　松田為常、瀬之口隆敬、村松経春
『独英和　三対字彙大全』明治十九年　高良二、寺田勇吉
『仏和辞林』明治二十年　中江篤介校閲　丸善商社書店
『和仏大辞典』明治三十七年　ルマレシャル　三才社

参考文献（刊行年順）

穂積陳重『法窓夜話』大正五年　有斐閣
斎藤静『日本語に及ぼしたオランダ語の影響』昭和四十二年　篠崎書林
広田栄太郎『近代訳語考』昭和四十四年　東京堂出版
橋浦兵一『明治の文学とことば』昭和四十六年　評論社
松村明『ことば紳士録』昭和四十六年　朝日新聞社
岩淵悦太郎『語源散策』昭和四十九年　毎日新聞社
杉本つとむ『江戸時代　蘭語学の成立とその展開1〜5』昭和五十一〜五十七年　早稲田大学出版部
斎藤毅『明治のことば』昭和五十二年　講談社
鈴木修次『文明のことば』昭和五十六年　文化評論出版社
飛田良文『英米外来語の世界』昭和五十六年　南雲堂
佐藤喜代治『講座　日本語の語彙　語誌1・2・3』昭和五十七年　明治書院
柳父章『翻訳語成立事情』昭和五十七年　岩波新書
松井栄一『国語辞典にない言葉』昭和五十七年　南雲堂
槌田満文『明治大正の新語・流行語』昭和五十八年　角川書店
山田俊雄『詞林逍遥』昭和五十八年　角川書店

惣郷正明・飛田良文編『明治のことば辞典』昭和六一年　東京堂出版
樺島忠夫・飛田良文・米川明彦『明治大正新語俗語辞典』昭和五十九年　東京堂出版
佐藤亨『幕末・明治初期語彙の研究』昭和六十一年　桜楓社
見坊豪紀『現代日本語用例全集』１・２・３　昭和六十二・六十三・平成元年　筑摩書房
小島憲之『日本文学における漢語表現』昭和六十三年　岩波書店
米川明彦『新語と流行語』平成元年　南雲堂
飛田良文『東京語成立史の研究』平成四年　東京堂出版
国立国語研究所『国定読本用語総覧』一〜十一、昭和六十年―平成八年　三省堂
山田俊雄『ことば散歩』平成十一年　岩波新書
飛田良文・佐藤武義編『現代日本語講座第４巻語彙』平成十四年　明治書院
飛田良文主幹ほか『日本語学研究事典』平成十九年一月　明治書院

本書は、二〇〇二年五月に淡交社より刊行されました。

明治《めいじ》生《う》まれの日本語《にほんご》

飛田良文《ひだよしふみ》

令和元年 6月25日 初版発行
令和7年 2月10日 5版発行

発行者●山下直久

発行●株式会社KADOKAWA
〒102-8177 東京都千代田区富士見2-13-3
電話 0570-002-301(ナビダイヤル)

角川文庫 21687

印刷所●株式会社KADOKAWA
製本所●株式会社KADOKAWA

表紙画●和田三造

ISBN 978-4-04-400478-1 C0181